기업을
하늘로
품다

이 도서의 국립중앙도서관 출판예정도서목록(CIP)은 서지정보유통지원시스템 홈페이지
(http://seoji.nl.go.kr)와 국가자료공동목록시스템(http://www.nl.go.kr/kolisnet)에서 이용하
실 수 있습니다. (CIP제어번호 : CIP2016001321)

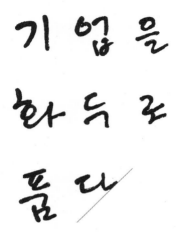

기업을 하늘로 품다

아름다운 기업 광림과 무소유 창업자 윤창의

윤창의 · 김송달 · 임정수

광림 윤창의를 말하고 싶다

   윤창의를 처음 만난 것은 반세기도 전인 1958년 상과대학
입학 동기라는 인연으로였다. 그를 한마디로 표현하라고 하
면 보기 드문 휴머니스트라고 할 수 있다. 이제 그에 대한 몇
가지 일화를 더듬어 보고자 한다.

   졸업 후 금성사에서 한 직장 동료로 근무한 시절을 접고,
마산에서 가업인 섬유업체를 운영하면서 자주 서울로 출장
을 오곤 하였는데 그때마다 평소 생각나고 만나고 싶은 그를
보는 것이 큰 즐거움이었다.

   어느 날 우리는 인천 송도 부둣가 원목작업장에서 어마어
마한 무게의 수입원목을 몇 명의 일꾼들이 원목 더미와 트럭
위에 서서 상차작업을 하고 있는 광경을 보고 있었다. 그 순간
그는 내게 물었다.

   "선만아, 저들의 일하는 모습을 보며 넌 무엇을 느끼고 있노?"

조용한 시간이 잠깐 흐른 다음 나는 그에게 되물었다.

"참으로 안타까운 생각이 들어. 저들도 우리와 같은 사람인데 어떻게 저토록 위험하고 힘든 일을 종일 해낼 수 있지?"

우리 사이엔 잠시 침묵이 흘렀다.

"그래 바로 그 점이야. 오로지 자신과 가족의 생존을 위해 믿기지 않는 작업을 하루 종일 묵묵히 해내고 있어. 그래서 난 저런 끔찍한 일을 어떻게 하면 면할 수 있을까를 곰곰이 생각해 오고 있어. 미국이나 유럽에는 원목 전문 상차중기가 있지만……"

그의 말은 진지하게 이어지고 있었다.

"우리는 일제시대부터 지금까지도 관행되고 있는 사이메쥬링재(才)측정때문에 우리나라에서는 사용할 수가 없어서 전국에서 저렇게 위험하고 비효율적으로 상차작업을 하고 있어. 그래서 사고가 나면 중상이나 사망사고가 나. 이런 말도 되지 않는 상황을 바꾸기 위해 인체공학 팔을 개발하여 무거운 원목을 꽉 집어서 옮기는 기계를 만들어 보려고 카이스트 기계공학 박사 세 사람에게 기술자문과 설계를 구하고 있는 중이야."

그 후 얼마간의 시간이 흐른 뒤 그의 고뇌에 찬 노력의 결실은 현실로 나타나게 되었다. 바로 벗의 숙원의 사업인 광림기계(주)의 '광림큰팔'이 탄생한 것이다. 그 후 '광림팔(큰팔, 긴팔, 센팔, 날랜팔 등)'을 필두로 그의 사업은 날로 번창하기 시작했다. 그 사이 시간이 꽤 흐른 듯하다.

MBC TV 〈현장 이 사람〉이라는 프로에서 아동문학가 정채봉 씨가 이른 아침부터 저녁까지 온종일 광림의 현장을 함께 같이 다니며 대담형식으로 진행하는 내용이 있다. 그때 정채봉 작가가 마지막 질문으로 "광림기계(주)를 창립하고 운영하시는 중에 가장 힘들고 기억에 남는 것은 무엇입니까?"라고 물었을 때 그는 이렇게 대답하였다.

"창업에 어려움이야 한두 가지가 아니었겠지만, 정작 어려운 것은 그런 것이 아니고, 시작부터 온 과정을 혼자서 구상하고 실행해 옮겨야 하는 '외로움'이었습니다!"

그러나 사업이 일취월장 번창해 가는 과정에서 그는 뜻밖에도 그만 산허리 중턱에서 하산할 수밖에 없는 지경에 이르렀다. 왜냐하면 보이지 않는 복병이 그의 회사에 검은 자락을 드리우며 도사리고 있었기 때문이었다. 그리하여 그는 말할 수 없는 고통의 시간을 가져야 했고, 결국엔 우리 사회의 한때 관심기업이었던 광림을 접을 수밖에 없게 되었다.

하지만 그의 기업가로서 삶의 과정을 돌이켜 보면서 난 이런 생각을 했다. '반드시 세상적으로 성공한 기업가만이 우리 사회에 공헌했다고 단정할 수 없는 것 아닌가!'

비록 사업을 운영하다가 열매를 흡족하게 거두지 못했다 하더라도, 그 과정을 통하여 보이지 않는 유무형의 가치를 창조하고 그와 함께한 모든 이들과 또 우리의 후대에게 남겨줄 이야기가 되었다면 이보다 귀한 일은 없다고 본다.

끝으로 하마터면 이 책이 세상에 나오기 전 유산될 뻔한 적이 있었음을 알리고 싶다. 이 책은 일차적으로 광림기업으로 인하여 물질적 정신적 손해와 상처를 받은 광림인(주주, 경영자, 사원, 고객, 협력회사 기관, 관심인 등)들에게, 그의 처절하게 미안한 마음을 보내는 '하얀 편지'인데, 만에 하나라도 그들에게 한 번 더 상처를 주는 일이 될 수 있지 않을까를 걱정하며 책 출간을 중단하겠다고 했다. 이때 나는 그에게 간곡하게 그리고 강하게 말했다.

"이 세상 어느 누구도 생을 마감하면서 백 퍼센트 잘살고 간다고 말할 수는 없을 것이다. 자네는 어찌 되었건 쇠가 용광로에서 달구어져 멋있는 작품이 나오듯이 '광림'이라는 '종합예술작품'을 만들어냈고, 그 혜택을 그들에게 흠뻑 주지는 못했다 하더라도 자네를 동경하고 존경하였던 때가 있지 않았는가. 그들에게 다 못해준 것에 대하여 빚을 갚는다는 의미에서도 이 책은 꼭 나와야 한다고 생각하네!
이 책이 출간됨으로써 과거 광림인들이 대표자와 혼연일체가 되어 아름다운 기업을 일구어냈음을 기억한다면 그것은 광림인들에게 또 하나의 의미일 수 있기 때문이며, 광림의 존재만으로 이 세상이 살맛나는 세상이라고 생각하는 사람들에게는 '광림의 이야기'를 꼭 글로 남겨야 할 책임이 자네에게 있다고 보네."

마침내 우여곡절을 거쳐 이 책이 세상에 얼굴을 내밀게 됨을 진심으로 축하한다. 아울러 민들레 꽃씨가 흩날려 퍼지듯, 이 책이 세상의 많은 독자의 가슴 속에 흩날려 스며들기를 기원하는 바이다.

진정 인간 삶의 소중한 가치가 무엇인지를 생각하며……

2015년 가을
김선만

하얀 편지

　몇 해 전 제주도 올레길을 혼자 다녀왔다. 산방산 게스트하우스에서 2박 일정으로 바닷가 모랫길을 걷다가 갑자기 광림 이야기를 쓰고 싶다는 생각이 불현듯 일어났다. 발걸음을 돌려 서귀포에 가서 녹음기를 샀다. 그런데 바로 다음 순간 용기가 사그라져 버리는 것이 아닌가.

　'잊어라. 잊고, 가슴에 묻은 채 가거라.'

　한순간에 그 생각은 접어버렸다. 광림을 잊고 떠나온 십 수 년 동안 쉽지는 않았지만 거의 다 잊고 평정한 마음으로 돌아왔다고 생각했다. 그러나 이 세상에서 땀과 정성을 모아 함께 '광림사회'를 이루어 온 '광림' 사람들을 어찌 잊을 수가 있겠는가.

　몇 해 전 여느 때처럼 서울에서 가까운 지인 몇 사람이 내가 거처하는 양평으로 찾아왔다. 이런저런 이야기를 하던 중에 아무리 그렇더라도 몇몇 사람에게라도 찾아가서 지난 이야기를, 특히 마지막 광림 이야기를 하고 인사라도 해야 하는 것 아니냐고 하면서 돌아갔다.

인사는 사람이 살아가는 도리이거늘 양평으로 오고부터는 15년 동안 세상과 인연을 끊어버리고 살아오고 있었다. '꼭 해야 한다면 인사가 아니고 사과를 해야지'. 그런데 '사과를 하려면 잘못했다고 해야 하고, 잘못 했다면 죄를 지었다고 해야 할 텐데' 그것은 아니다. 내가 광림 때문에 죄를 지었다고 스스로 말할 수 없어서 오늘까지 온 것이다.

광림을 안팎에서 만들었던 모든 광림인에게 고맙고, 고마움을 말로 할 수가 없는 끝없이 고마운 마음은 한이 없는데……

광림이라는 사회를 통해 좋은 일을 하려던 것이 이제는 모든 분들에게 빚으로 남았다. 빚을 갚을 길이 따로 없어서 시골에 내려와서 '자세만이라도 사과하는 마음으로 살아야겠다'고 생각했고 양평에서 김치장사도 그러한 자세의 선상에서 열심히 하였는데, 그 일마저 그만두게 되었으니 더 이상 아무 할 일이 없는 백수가 되고 말았다.

한편 내가 죄를 지었다고 하면 광림사람들에게는 두 번 실망을 주게 된다고 생각했다. 윤아무개가 시작한 광림에 안팎에서 동참하여 각자의 존귀한 인생을 살았는데, 결과가 실망스럽게 되었다. 게다가 정신적으로나 물질적으로 상처를 가지고 있는 분들이 윤아무개 스스로 죄를 지었다고 한다면 얼마나 자괴감이 들겠으며 모욕감을 느끼겠는가?

대학병원의 연구를 위해 우리 부부의 시신 기증 등록을 마친 다음, 광림사람들에게는 내가 무엇을 어떻게 해야 하나 고민하기 시작했다. 광림을 떠나온 후 줄곧 '빚을 갚는 길'이 무엇인지 잠시도 잊어본 적이 없었다.

나는 광림을 시작해서 마지막까지 나 스스로에게 약속한 것을 지키려고 혼신의 힘을 다했다고 생각한다. 광림사람들에게는 광림사람들이 만든 '광림 이야기'는 내가 시작한 사람이고 끝까지 현장에 있었던 사람이니까, 광림가족 여러분에게 엎드려 '하얀 편지'를 쓰게 되었다. 지금 살아있는 내가 할 수 있는, 빚을 갚는 일이 될 수만 있다면 말이다.

'하얀 편지' 위에 여러분의 아름다운 광림이야기가 써지기를 기원하면서…….

갑오년 원단

윤창의

차례

프롤로그

광림기계
광림정밀
광림특장차
KANGLIM CO.,

● 10주년 즈음하여 광림가족들 (광림 팸플릿)

❦ 마지막 직원에게 월급을 주고_

1995년 1월 10일 늦은 오후, 만삭의 여인이 내 사무실로 들어왔다. 출산이 임박하여 비용을 마련하기 위해 자기가 가진 광림 주식을 회사에 매입 요청을 했는데, 회사는 매입할 사정이 안 된다고 해 나를 찾아 왔다는 것이다. 재경 담당 부사장을 불러 물었다.

"아무리 어려워도 이 분의 광림 주식을 매입해 드려야 하는 것 아니요? 외환은행 20억 원 금융 기표한 것이 아직 좀 남아 있는데 왜 그래요?"

"그것은 월급 지불에만 쓰도록 되어 있습니다."

여인을 빈손으로 돌려보낸 후 더 이상 사람을 만나지 않으며 혼자서 조용히 생각했다.

'이런 딱한 사정의 광림사람에게 아무것도 해줄 수 없다면, 여기까지구나. 이제 여기서 내가 광림을 떠나야 한다. 이제부터는 광림 밖에서 마지막으로 최선을 다하자.' 그렇게 결심을 하고 직원을 불러 마지막 지시를 내렸다.

"내일 아침 은행에 지불 불능 통보를 하세요."

나는 이렇게 광림에서 떠났다.

❦ 광림 10주년 행사 후 닥쳐온 시련 _

광림가족들은 '아름다운 기업, 살맛나는 사회'를 만들어 보자고 한 마음으로 함께 땀을 흘려왔다. 창립 10주년 행사 즈음에는 스스로를 자랑스러워하고 있었다.

▌「광림 계열3사 부도」(매일경제, 1995년 1월 12일)

창사 이래 새로운 분야에 도전해 기술을 개발하고 시장을 바꾸고 해외시장을 개척하며 10년간 연속 매년 두 배의 성장을 기록했다. 무엇보다도 '살맛나는 세상을 만드는 아름다운 기업'을 일구고자 하는 꿈을 조금씩 이루어가고 있었다.

외부에서도 꽤 많은 칭찬을 받았다. 해외에서도 광림이라는 기업이 화제가 될 만할 일들이 줄줄이 있었다. 일부 걱정과 비판도 있었다. 그러나 대체로 '성공한 기업이자, 경영신화를 이룬 기업'이라는 평이었다.

그런데 10주년 행사 이듬해인 1992년 대검찰청에서 압수수색이 시작되었다. 어느 경쟁업체에서 경리부정을 저지른 광림 직원을 회유하여 광림 임직원 명의를 도용해 광림의 윤창의 회장이 5개 부문에 걸쳐 280억 원의 회사자금을 횡령·착복했다는 고발장을 만들게 하여 국가사정기관에 돌린 것이다. 3개월 후 대검찰청은 '무혐의'라 결정을 내렸다. 당연한

▌「유망 중소기업 1백71개 선정」(매일경제, 1983년 4월 27일)
「회사의 거의 모든 근무규칙을 사원들의 자율에 맡기고 있는 광림기계」(경향신문, 1985년 5월 2일)
「벤처 비즈니스 광림, 과학기술 토착화, 제5공화국 마감하며」(서울신문, 1987년 4월 10일)
「믿음 있는 곳에 분규란 없다" 노사일체 새 모델 「광림」 신화창조」(경향신문, 1989년 10월 3일)
「신기술로 대기업 꺾었다」(동아일보, 1990년 7월 27일)
「어느 중소기업인」(매일경제, 1991년 8월 22일)
〈현장인터뷰-이사람〉(MBC, 1991년 10월 10일)
「'불황 속 호황」 눈길끄는 중기들」(매일경제, 1992년 6월 2일)

일이었다. 나는 그런 짓은 한 푼도, 추호도 한 적이 없으니까.

하지만 경쟁업체의 음해는 집요했고 몇 개월 되지 않아 또 다시 감사원의 특별감사를 받게 되었다. 물론 결론은 '혐의없음'이었다. 그러나 얼마 후에 또 대전지방국세청의 세무사찰이 시작되었다. 이것도 '무혐의'로 끝났지만, 또다시 감사원의 율곡감사 장비 부문에 광림이 들어가 감사를 받았다. 물론 '혐의없음'으로 결론이 났다.

1992년부터 2년 반 동안 대검찰청, 감사원, 국세청의 국가 3대 사정기관으로부터의 감사 4번뿐만 아니라 기타 정부사정기관이 벌집 쑤시듯 회를 치듯 광림을 들쑤신 것이다.

정부가 눈엣가시인 기업 하나를 없애겠다고 하면 3대 사정기관이 다 나설 필요도 없이 그중 한 곳이면 충분한 시절이었다. 그뿐만 아니라 3대 국가 사정기관은 어느 한 곳에서 '무혐의다', '무죄다'라고 하면 다른 곳이 다시 달려들지 않는다. 그들의 자존심 문제이니까. 그런데도 이런 일이 가능했던 것은 그 뒤에 경쟁업체의 집요하고 막강한 힘이 작용하였기 때문이다.

하지만 사정의 모든 결과는 앞에 쓴 것처럼 무혐의요 무죄였다. 오죽했으면 대전지방국세청 사람이 내게 세무사찰이 끝나고 이렇게 말했겠는가.

"당신 해도 너무한다. 아무리 사적으로 회사 돈을 건드리지 않는 백지 같은 사람이라고 해도 털면 먼지는 나와야 하는 것 아니요?"

국세청장도 나중에 내게 물었다.

"그렇게 회사에서 사적으로 한 푼도 갖지 않은 것은 알겠는데, 아무리 그렇더라도 처자식 먹고살 것은 걱정해야 할 거 아니요?"

이를 인연으로 이듬해 정초 세무서장들 연수회에서 특강을 해 달라는 요청을 받았고 거절할 수가 없었다.

하지만 이렇게만 끝난 것은 아니었다. 국가 사정기관의 연이은 반복사정, 압수, 감사가 진행된 3년 동안 대기업 등 경쟁업체들은 정부 행정부처와 고등법원, 대법원에 또 다른 법적 소송을 진행하고 있었다.

▌「신기술 내놓자, 음해투서 '봇물', 광림기계 윤창의 회장」(조선일보, 1994년 12월 2일)
「「국산 신기술」 논쟁 가열」(동아일보, 1992년 6월 17일)
「"신기술 제품 정부지원 정당"대법」(경향신문, 1993년 2월 17일)

● 광림의 20㎥ 압축진개 청소차 (광림 사보 1991년 9월호)

서울시의 김포 해안 쓰레기 매립지 개장에 맞춰 20㎥ 압축진개청소차를 개발하여 과기처로부터 '국산 신기술'로 인정하는 고시를 받아 서울시에 납품을 시작하려고 하는데, 이 청소차 시장이 향후 6년에 걸쳐 1000억 원 시장으로 보이자 경쟁업체들이 기술고시를 취소하라고 행정소송을 제기하고 연이어 서울고등법원과 대법원까지 지루한 법정싸움을 만들었다. 결과는 물론 광림의 승리였다.

❝ 경제정의실천시민연합 공청회에서 혐의를 벗고 _

국가사정기관의 고발장 사찰결과가 모두 무혐의로 판명나자, 경쟁업체에서는 고발장을 들고 언론에 가서 광림에 음해

행위를 계속하였다. 1994년 연말에는 MBC TV의 〈PD 수첩〉, 〈이것이 알고 싶다〉에서 항간에 우리 사회의 도덕군자라 알려진 광림 창업주 윤창의의 진짜 얼굴은 악덕 기업주라는 보도 프로그램을 만들어 방영 예고까지 하였다.

나는 MBC가 제작한 광림의 내용을 가지고 경쟁업체와 공개석상에서 공청회를 하자고 제안하였다. 경실련에서 MBC TV 방영 예정 며칠 전에 공청회를 개최하고 공청회장에는 경실련, 관심인, 그리고 MBC TV가 참여하였는데, 공청회가 순서대로 시작하고 얼마 지나지 않아 사회를 맡은 인사가 사회를 거부하고 중도에 퇴장해 버렸다.

고발장 건이 나오자 광림에서 경리부정을 저지른 사원 당사자가 경쟁업체에 가서 보호를 요청했다가 경쟁업체의 고발장 작성에 이용당했다고, 그해 구치소에 들어가기 전에 나에게 와서 자초지종을 고백한 양심선언을 녹음한 테이프를 들려주었다. 동시에 사원 당사자가 자필로 작성한 경위서와 경쟁업체장 고발장을 내어놓았더니 그 경쟁업체 사장이 공청회 자리를 피해 급히 도망가는 사태가 발생하였다.

공청회는 폐회선언도 없이 무산되어 버렸다. MBC는 예고했던 〈PD수첩〉 광림프로를 취소하고 급히 다른 프로그램으로 대체하는 사태가 발생했다.

공청회가 끝나고 회사에 돌아왔을 때 직원들이 "그동안 행태를 저지른 경쟁업체 사장을 무고로 고발하여 즉각 구속시킵시다"라고 말해왔다.

이번에는 들어 줄 것으로 알고 사람들이 준비를 서둘렀지만 말렸다.

"그러지 마세요. 법이든 대처든 하려면 옛날에 했지요. 그 사람 가련한 사람들이에요. 알고 지은 죄보다 모르고 지은 죄가 더 크다고 하지 않아요. 그 사람들 뭘 모르는 사람들입니다. 아마도 그 사람이 나하고 전생에 큰 악연이 있는 사람인 것 같아요. 내 생애에 그 악연의 고리를 끝냈으면 해요."

그런데 사람은 안 미워하면 되지만 상처투성이로 만신창이가 된 광림회사는 어떻게 해야 하나…….

❝ 나의 부덕의 소치 _

광림은 1979년 6월 19일에 세상에 태어나 1995년 1월 11일에 소명을 다하지 못하고 부도가 났다. 돌이켜 보면 광림은 좋은 사람들이 모여서 좋은 뜻으로 좋은 일을 통하여 좋은 생을 잘살아왔는데, 16년을 수명으로 마감하다니 애석하고 통탄스러울 뿐이다. 나에게 "광림이 어떻게 부도가 날 수가 있느냐?"고 물어온 사람들이 있었다. 나는 "저의 부덕입니다"라고 대답할 수밖에 없었다.

10년의 경영 신화를 창조했다고 불린 기업이 3년 동안 폭풍같이 불어 닥친 문제들의 회오리에 휩쓸려 부도까지 간 데에는 많은 일이 있었다. 하지만 가만히 살펴보면 모두가 예외 없이 광림 내부 사람과 관계되어 싹튼 일이었다.

10주년 행사 즈음, 크레인 영업담당 부사장이 영업조직을 데리고 나가서 크레인 시장에서 혼란을 만든 일, 또 다른 특장차 경쟁업체에서 광림조직내의 특장차 연구부서부터 기획·생산·영업까지 전 부문에서 13명을 단체 스카우트 당한 일, 경리 부정을 한 사원이 경쟁업체의 꼬임에 빠져 광림 임직원 명의의 '악덕 기업주 윤창의 고발장'을 만들어 사정 봇물을 초래한 일 등 모두가 결국은 내부 사람의 문제에서 시작되었다. 그중에도 가장 마음 아픈 것은 광림의 경영자 인수인계를 제대로 성공시키지 못한 일이었다.

10년 연속 매출이 2배씩 증가하며 시장 점유율이 민간부문

50%, 정부와 지자체 부문 46%, 군 방산 부문 4%였는데, 이런 문제들로 매출이 3년 연속 정체되고 경영공황상태가 되고 말았다. 이렇게 치열했던 한 인생의 광림 이야기가 끝이 났다.

어느 누구에게도 원망하거나 억울한 마음은 가지지 않았지만, 하늘을 향해 '하느님, 부처님, 조상님, 왜 이러십니까?' 하는 생각은 몇 번 있었다. 성서 《출애굽기》의 40년 고난의 행군을 거쳐 모압 평원에서 하느님의 뜻에 따라 요단강 건너 가나안으로 들어가는 일을 여호수아에게 맡기고 조용히 요단강 너머의 가나안 땅을 바라보고 있는 모세의 모습이 잠깐 스쳐갔다.

가난과 무위에서 오는 평온이 있다는 것에 감사하며…….

1부 꿈과 도전

❝ 꿈의 저편에 또 다른 꿈이 _

꿈의 시작은 1958년 상과대학에 입학하고 경제원론 첫 시간에 들은 '기업의 정의가 이윤을 추구하는 경제단위'라는 말에 '아, 이게 아닌데?' 하고 수업을 박차버린 데서 비롯되었다.

나는 '사농공상士農工商', '장사꾼 똥은 개도 안 먹는다', '장사꾼 말을 믿어?' 등 상업을 비하하는 말이 건전한 상식에 안 맞는다고 생각해 왔는데 기업의 정의가 '이윤을 추구하는 경제단위'라니 뭔가 안 맞는 것 같았다.

그래서 교문을 돌아 나왔다. 교문을 나왔으나 갈 곳은 없었다. 처음에는 상과대학 친구들과 선배들이 돈암동에 있는 극장에 가서 영화를 보는 것이 전통이라고 해서 몇 번을 같이 가보기도 했다. 그것도 뭔가 아닌 것 같아서 혼자 도봉산도 올라보고 마포 유엔군 묘지도 가 보았다. 그렇게 점점 인생문제에 관한 방황이 시작되었다.

'인생이 뭐지?', '어떻게 살 것인가?'라고 깊이 고민하고 있을 때 YMCA와 흥사단을 만났다. 흥사단과 YMCA에서 진행하는 교양, 사상, 철학 강좌가 나의 '본' 수업이다시피 된 것이다. 그 당시 한국 석학들이 불을 뿜는 장소가 바로 YMCA요 흥사단이었다. 그러던 중 1960년 4월 19일, 4·19 혁명이 일어났고 나는 홍릉 교문을 나와 스크럼을 짜고 시청 옆 국회 앞 역사의 현장에 동참하였다.

이때 많은 것을 느꼈다. '아, 나 잘살아야 되겠다. 내가 이렇게 존귀한 생명을 받고 태어났고, 인간의 존엄성이란 게 얼마나 절대적인 것이냐? 부처님의 천상천하유아독존天上天下唯我獨尊. 존귀하고 존엄한 생명을 갖고 태어났다고 하면 '유아唯我'라는 것은 '대아大我'라는 말이 아닌가.'

'대아'라는 것은 함께 더불어 살아가는 것을 말한다. 그것은 내가 존귀한 만큼, 나와 같이 동행하는 사람들과 더불어 함께하고 헌신하는 일, 바로 보살행이다. 내가 좀 더 가지고 태어났다고 생각했다. 이것은 고백이다.

'한 인생을 살면서 같이 나누었으면 좋겠다!' 어딘가 힘든 사람, 낮은 사람이 있다면 내가 그곳으로 찾아가겠다. 그래서 농과대학을 생각했다. '상과대학을 그만두고 농과대학에 가서 농학공부를 하고 농촌에 가서 농민이 잘사는 일에, 조금 더 가진 것이 있다면 한 평생 같이 나누고 더불어 살았으면 좋겠다.'

단순하게 생각했다. 굳이 더 근원적인 생각은 농자천하지대본이지만, 언제나 그 근본은 제일 낮은 데 있는 것이다. 낮은 곳, 거기서 내 인생을 살아야겠다고 생각했다.

그런데 어머니가 말씀하셨다.

"가라. 그러나 남자는 중간에 그만두면 안 된다. 졸업하고 가라."

거역할 수 없는 말씀이었다. 맞다. 그래서 농과대학으로 바로 전과를 못 하고 재미없는 나날을 보내고 있는 동안, '너 평생 그렇게 살 수 있겠어?' 하는 자문이 생겼다. '농촌에 가서 평생 봉사 활동을 하면서 정말 그렇게 할 수 있어? 실제 현실 바닥에 한 번 들어가 봐.'

그래서 해병대 입대를 마음먹고 지원했다. 1960년 10월 해병대 신병훈련소에 입소하여 신병교육훈련 4개월을 끝내고 이듬해 2월 말 괴나리봇짐을 지고 김포 해병여단에 배속받아 군 생활을 시작했다.

4월 15일 해병대 창설기념일에 여단 콩쿠르가 열렸는데 1등 보상으로 특별휴가를 준다고 해서 무턱대고 참가를 했다.

진주 배영초등학교와 진주고등학교 때 진주 개천예술제에 학교대표로 참가한 적은 있어도 입상은 한 번도 못 해 보았는데 덜컥 1등을 해버렸다. 2주 동안의 특별휴가를 마치고 귀대

했더니 중대장이 "윤해병, 빨리 봇짐 싸가지고 여단장실로 올라가라"고 하였다. 여단장실로 구두 발령이 났다는 것이었다.

얼마나 좋은가, 여단장실에서 근무는 편하기 그지없는 보직이었다. 그런데 나는 '아, 이거 큰일 났구나! 이것은 내가 정면으로 맞부딪쳐 해결해야 할 문제구나' 하는 생각이 들었다. 제일 낮은 곳을 경험하러 해병대에 자원했는데 편한 보직이라니. 혼자 여단장실에 올라가 노크를 하고 들어가 외쳤다. 그때 여단장 부관은 서울법대 나온 분이었다.

"휴가 귀대 신고합니다! 해병 일병, 윤창의!

선배님, 여단장실에 올라와서 근무하라는 명령 대단히 감사합니다. 그러나 저를 여단장실에 올려 보내라는 명령을 취소하여 주십시오. 대단히 고맙지만 제가 해병대 들어온 것은 제 나름대로 이유가 있어서입니다. 저의 인생을 척박하고 험하고 낮은 곳에서 살아야겠다는 마음을 정했지만, '너 정말 네 인생을 그렇게 살 수 있어?' 하는 자문이 생겼고, 그 때문에 해병대를 지원하게 되었습니다. 밤 첫잠 깨어나 돌림매 맞는 거 정말 힘들고 어렵습니다. 그러나 아무리 힘들어도 충실하게 해병의 임무를 잘하고 있다고 생각합니다. 저를 여단장실에 올려 보내라는 명령을 취소해 주시기를 간절히 원합니다."

대답을 즉석에서 기대할 수는 없었다. "돌아갑니다. 해병 일병 윤창의"라고 거수경례를 하고 난 뒤에 뒤돌아보지도 않고 뛰어서 내려왔다. 고마운 것은 그 부관이 그 자리에서도 그 뒤에도 아무 말이 없었다. 분명히 '저 친구 영창 보내!'라고 해야 될 텐데. 그리고 며칠 후 5·16이 터졌고 김윤근 여단장 이하 해병 제일여단이 한강을 제일 먼저 건넜다.

그렇게 다난했던 해병대를 제대하고 돌아와서 복학을 하였고 4학년에 홍성유 교수님의 경제철학을 듣게 되었다. 그때 들은 기업 정의는 놀라웠다.

'기업은 인간의 종합예술품이다!' 환한 불빛이 번쩍 들어왔다. 나의 꿈이 가슴 깊은 곳에서 자라기 시작했다. '아, 기업이 이런 것이라면 평생의 화두로 하고 살아볼 만하겠다.'

🐝 기업은 인간의 종합예술품 _

오늘날 장사나 기업에 관한 상식적인 이해와 해석부터 학문적인 정의까지를 헤아려 보았다. 내게는 장사나 기업이 좀 더 성숙해져야 할 절실한 시대적 요구가 있다고 여겨졌다. 굳이 따지자면 기업이란 것은 역사가 200~300년밖에 안 된다.

경제철학에서 기업을 '인간의 종합예술'이라고 한다면, '인간', 즉 나는 '나의 주인으로 사는 자'이자 '사람답게 사는 자'이며, 그것은 어떠한 목적으로도 내가 그 목적의 수단이 될 수 없다는 것을 의미한다. 나아가 내가 나의 진정한 주인이 되는 것은 나와 같이 함께 살아가는 나의 가족과 이웃, 세상사람 모두를 주인으로 존중하고 배려할 때이며 그때 나의 존재는 공정해진다. 나는 주인이지만 다른 사람은 자기 자신의 주인이 아니라고 하면 진정한 주인은 성립되지 않는다.

'종합'이란 유기적이고 총체적인 전문조직 즉, 사회를 말한다. 그 사회의 구성원 전체가 뜻을 같이하고 공통의 행복을 추구하는 삶의 터전이 되어야 한다.

'예술품'이란 보고 듣기에 감각적으로 좋아야 할 뿐만 아니라 내용이 아름답고 의미가 있고 살아가는 맛이 있어야 한다. 미학 원론에 아름다움의 정의는 첫째가 창조여야 하고, 둘째는 소통과 공감이고, 셋째는 하모니라고 했다. 인간의 좋은 의지와 착한 뜻이 끊임없이 정진하여 창조된 아름다운 작품이 예술이다.

경제원론에서 '기업은 이윤을 추구하는 경제단위', 즉 영리를 목적으로 재화나 서비스를 생산·판매하는 조직이라고 전제한 것으로 이윤의 극대화를 추구하는 모든 행위에 절제를 일탈하는 면죄부가 부여되는 오류가 생기게 되었다.

기업이 사회에 부를 창출하여 삶을 풍요롭게 하며 생존을 유지하여야 하는 것은 당연한 임무이며 목표이지만, 이는 이윤의 극대화가 아닌 제품의 경쟁력 극대화로 이루어야 한다.

경쟁력은 최종적으로 고객의 만족을 전제하고 끊임없는 혁신과 창조에 의하여 생성되어야 한다. 시장에서 대항적 경쟁에 의하여 이윤의 극대화를 이루려고 하면 상호 간에 적의만 팽배하게 되고 공정성을 상실한 사회가 된다.

기업이란 아름다운 작품이자 사회이고 기업의 제품은 부를 창출하는 수단이다. 따라서 기업의 제품은 거래의 대상이지만 기업이라는 사회는 거래의 대상이 아니다.

❝ 준비와 각오 _

나는 이렇게 인생의 목표를 경제이고 산업이며 경영으로 정했다. 기업이고 회사라는 길을 가겠다고 정했다. 그래서 농과대학으로 전과할 생각을 버리고 그대로 상과대학을 졸업

해 LG그룹에 들어가 경제계로 나왔다.

LG그룹에서 금성사, 금성통신, 반도상사를 거치며 15년 근무하던 중 많은 것을 배우면서 특히 반도상사의 본부장으로 재직 시에 스스로 기업을 창업하겠다고 결심했다.

앞으로 몇 년 후면 중역으로 올라갈 텐데 그렇게 되면 내가 원하는 일을 더욱 못하게 될 것이라 생각했다. 중역이라는 게 가족, 처자식과 본인 일신에겐 좋은 일일지는 몰라도…….

'너, 할 수 있어? 첫째는 돈이 있어야 되는데, 기업처럼 냉혹한 현실이 더 이상 없잖아. 너 정말 할 수 있겠어? 돈만 없는 것이 아니고, 경영자로서 능력도 없잖아?' 자문하고 또 자문했다. 그리고 결론을 내렸다.

'해야겠다. 나의 인생을 다 바쳐 경제 분야에서 새로운 사회를, 새로운 기업 사회를 만들어 보겠다!'

잘 다니는 회사를 그만두고 사업을 하겠다는 말을 들은 아내는 "나와 이혼장에 도장 찍어주고 기업을 하든지 해요"라고 완강하게 반대했다. 나는 일 년 동안 아주 풀이 죽어 있었다. 그러다가 아내가 다시 결심하고 "당신 하고 싶은 대로 해요"라고 말해 주었다. 동의하고 싶어서 동의한 것은 아닐 것이다. 내가 회사를 왔다 갔다 하는데 완전히 풀 죽은 사람이 되어버린 걸 보았으니까. '아, 이 사람 이대로 두면 폐인이 되겠구나. 폐인보다야 살아 숨 쉬는 사람이 낫겠지'라고 생각한 것이 아닐까? 그리고는 자신이 동의한 일을 오늘까지 묵묵히 지켜오고 있는 너무나 훌륭하고 고마운 반려자이다.

❦ 창업 아이템 선택 _

일 년 동안 창업을 준비하며 '기업을 한다면 이제부터 무슨 일을 어떻게 하느냐. 어떤 사업 분야를 가지고 시작할 것이냐. 유통이냐, 국제무역이냐, 아니면 제조업을 할 것인가. 그래도 내가 좋은 일을 하겠다고 한다면 당연히 제조업을 해야 한다'라고 자문자답했다.

제조업 중에 제일 기본은 기계공업이다. 기계공업도 수없이 많다. 선반 하나 놓는 기계공업에서부터 중공업까지 종류도 다양하다. 그래서 기계공업 중에서도 더 깊이 들어가 기본이 뭐냐를 생각했다. 어디에 근간을 세울 거냐. 그게 '사람' 하고 관계있는 기계공업이었다. 그러다 보니까 인체공학에 대상이 되는 분야를 살피게 되었다. 다시 말하면 내가 기계공업을 하겠다거나 인체공학을 하겠다는 게 먼저는 아니었다.

그다음에 인체공학을 가지고 '사람값 올리는 일'을 하자. 그래서 사람의 몸통이나 다리인 자동차를 생각했고 다시 두뇌 격인 컴퓨터를 생각했고 다시 팔을 생각하게 되었다. 사람을 기준에 두고 인체공학의 바탕 위에 나온 것이 팔인데, 크레인은 팔이고 로테이터rotator나 그래플Grapple은 손목이고 손가락이다. 그것을 몸체인 자동차에 얹으면 특장차가 된다.

그렇게 해서 기계공업 중에서도 인체공학의 팔에 착안하게 된 것이다. 그리고 인체공학의 팔을 가지고 작업성과를 올리고 효용을 입증할 수 있는 분야가 어디냐 살펴보았다.

LG반도상사 때 경험한 원목야적장이 떠올랐다. 당시 한국 원목야적장은 작업할 때 건설용 와이어 크레인wire crane 중기로 원목을 다루는 데 비효율적이고 위험하기 짝이 없었다. 참 말도 안 된다 싶었다.

미국이나 유럽에서 원목을 다룰 적에 로그 로더log loader라는 원목 중기가 따로 있다. 그런데 그건 한국 실정에 안 맞았다. 한국에서는 원목상차 시에 원목 하나하나의 '재才, 약 0.00334㎥, 일본어 잔재로 '사이'라고도 한다'를 재는데, 말구末球와 종구宗球를 재고 나서 길이를 재려면 앞뒤를 돌려 맞추고 원목의 방향을 맞춰서 상차해야 하기 때문에 와이어 크레인을 쓸 수밖에 없었다.

크레인의 와이어 끝에 갈고리를 달고 그것을 사람이 원목 더미 위에 올라가서 갈고리를 걸어주어야 하는데, 원목을 빼다 보면 원목 더미가 굴러 내리는 경우가 생기고 바로 중상이나 사망 사고로 연결되었다.

원래 건설용 크레인과 산업용 크레인은 전문적인 영역구분이 있는데 당시 한국에는 산업용 크레인 없이 건설용 크레인만 사용되고 있었다. 즉 안전과 작업의 효율성이 말도 안 되는 상황이었던 것이다. 산업용 크레인을 개발하고 그에 맞는 운영방식을 도입하면 효율성은 물론 안전성도 크게 높일 수 있었다.

'그래, 시작을 원목 크레인으로 하자.' 광림의 첫 사업 아이템이 정해지는 순간이었다.

사업 아이템은 정했지만, 무에서 유를 창조해 낼 수는 없는 노릇이었다. 최고를 노리는 이상 최고의 파트너가 필요했다.

LG반도상사 기계부의 전 세계 카탈로그를 가져다가 비교 분석해 보고 미송 원목과 철강 쪽에 포커스를 맞춰 스웨덴 히아브의 크레인을 선택하였다. 세계의 산업용 크레인 중에서 캐파시티capacity가 제일 큰 모델이었다. 그것을 가지고 우리한테 맞도록 한국형 원목상차 크레인을 새로 개발하면 우리

실정에 꼭 맞는 패턴으로 원목 핸들링을 할 수 있는 중기가 될
터였다.

🦋 광림 경영 20년 계획 _

나는 회사를 20년만 경영하겠다는 계획을 세웠다. 그 20년
계획을 전후반 10년씩 나누어, 전반 10년에는 일반 기업을 하
나 탄생시키고 후반 10년은 '공익 경영 기업'의 기초를 만들어
내고 싶었다.

한국에 그간 많은 기계공업이 있었지만, 창업부터 오늘까
지 성공적으로 경영을 이어가고 있는 업체는 과문한 내가 아
는 한 대동공업밖에 없다. 실패하거나 주인이 바뀌지 않는 기
계공업이 되려면 반드시 세계적인 기업이 되어야 한다.

후반 10년은 공익 경영 기업인데 '산림 경영'을 생각했다.
산림 경영은 100년을 플랜두시Plan Do See의 기본단위로 한
다. 그러니 보통 생각하면 백 년 후에나 경영의 과실이 나올
테니 투자할 수가 있겠는가? 하지만 처음부터 소유나 사유를
하지 않을 것이라 정한 나에게는 산림이 얼마나 좋은 경영 대
상인가.

100년을 한 단위로 산림경영을 한다면 재화 몇 원짜리를

투자한 것이 몇 천만 원, 몇 억 원이 될 수 있다. 이런 산림 경영 전문조직은 한국의 산림 부존자원을 국가 경제 발전의 초석이 되도록 할 뿐만 아니라, 지구 위 세계 곳곳에 나갈 수 있는 많고 많은 기회를 갖고 있다.

더욱 중요한 사실은 100년 이후에 나올 이익을 위해 산림 문화를 가꾸어 가는 과정은 인간사회의 쾌적한 환경이 이루어진다는 점이다. 산림 경영이 뭔가. 잘 가꾼 숲은 인간의 계획된 작품이다. 이러한 꿈의 실체를 이름 지어 '광림廣林'이라고 한 것이다. 곧 넓은廣 수풀林이다.

❝ 광림을 세우며 _

1979년 12월 1일 반도상사에 사표를 내고 한 달간 공식적인 인수인계를 끝내고 12월 30일 사표를 수리 받았다. 광림은 6개월 전인 1979년 6월 19일에 설립하였고 회사에 여름휴가를 내어 스웨덴의 히아브 포코HIAB-FOCO로 가서 작업 현장과 현물을 확인한 후 크레인 본체 6대의 구입계약을 해놓았다.

1980년 초 광림을 시작하기 전에 아내와 같이 1980년 1월 2일부터 35일간의 일정으로 단식을 시작했다. 단식을 하는 동안 매일 새벽마다 아내와 함께 서울 남산에 올라갔다 오는 것으로 하루를 시작하였다. 요가 방문지도를 받는 것 외에도 풍욕, 반신욕, 일광욕 등 부지런을 떨었지만 원했던 대로 적지 않은 명상의 시간을 가질 수 있었다.

20대에 품은 나의 꿈을 실현하기 위해 40 불혹의 나이에 혈혈단신 광야로 뛰어나왔다. 단식이 끝나면 멀고 긴 항해를 떠나게 될 텐데, 시작부터 쉽지 않은 도전을 시작하고 있다는 것을 누구보다 나 스스로가 제일 잘 알고 있었다. 단식 기간 동안 여러 가지 생각을 정리할 시간을 가질 수 있었던 것도 의미가 있었다고 본다.

❧ 다짐과 약속 _

아무리 맨손으로 사업을 시작하지만, 돈 한번 실컷 벌어보겠다고 시작했다면 비교적 가벼운 마음이었을 것이다. 그러나 나는 그런 사업 목적을 가지고 시작하지 않았다. 장사나 기업의 정의, 개념, 상식을 바꾸는 것을 시작으로 광림이라는 기업 그 자체를 인간의 종합예술품으로서 실체를 만들겠다는 생각이었다.

굳이 애국이니 인간 인류애니 홍익인간 정신이니 그런 이야기를 하고 싶지는 않다. 그러나 '기업의 정의는 인간의 종합예술품'이라는 학문적인 기업의 정의를 광림이라는 실체를 통해 실현해보고자 했다.

'아름다운 기업'을 하나 창조해 보고자 한 발원이다.

과욕인 것은 알겠는데, 꼭 하려면 준비해야 할 것이 있었다. 먼저 사업과 관련해서 나부터 자격을 갖추겠다고 다짐했다.

첫 번째는 기업을 통해, 성공하는 사업을 통해 하는 일이기 때문에 창업자로서 대주주로서 재산이 생길 텐데 그 재산을 개인적으로 사유하지 않고, 더욱 좋은 공익사업을 위한 종잣 돈seed money으로 사용한다는 다짐이었다. 즉, 주식이나 재산 의 일체를 나 개인뿐 아니라 처자식을 위해서도 사용하지 않 겠다는 것이다.

두 번째는 명예로부터 벗어나는 일이었다. 명예는 자리이 기도 하다. 자리 중에서 진실로 제일 좋은 자리는 대통령이나 장관이 아니고 결혼 주례자리라고 생각했다. 그래서 결혼 주 례자리는 서지 않겠다고 정했다.

세 번째는 이 일을 어깨에 짊어지고 갈 나 자신에 대한 관리 를 생각해 봤다. 먼저 몸 관리에는 운동인데 운동 중에 제일 좋은 운동은 골프다. 그래서 나는 앞으로 골프를 치지 않겠다.

이 세 가지를 지키겠다고 스스로에게 약속하였다. 그리고 우리 가족, 아내와 당시 중학교 1학년과 초등학교 4학년인 두 아들을 모아놓고 아빠의 약속을 들어달라고 했다.

"아빠가 15년간 몸담았던 LG그룹을 그만두고 사업을 시작하려고 한다. 앞으로 20년 계획으로 '광림'이라는 기업을 일으키려고 한다. 욕심을 좀 크게 부려 소유하고 사유하는 사업을 하려는 것이 아니기 때문에 이 사업으로 생긴 주식이나 재산을 갖지 않는다. 따라서 너희에게도 나누어 주지 못한다. 광림 10주년 행사에 창업자로서 개인 재산은 전액, 주식도 전부 '광림공사' 설립에 투입할 것인데 이해해주기 바란다."

사업 초창기 친척 모임이나 친구들 동창 모임에 나가서도 이제부터 윤창의가 가족 노릇, 친구 노릇을 못할 것 같으니 잊어 달라고 공지하였다. 35년이 지난 지금, 그때 내가 잊어달라고 한 말을 기억하는 사람은 없겠지만, 지금까지 동창 모임에 나가지 않고 있다.

❝ 연꽃은 진흙에 피다 _

아내에게도 야속하게 했다. 내 욕심 때문에 덩달아 많은 고

생을 했다. 한 재산을 만들어 주지도 않을 것이면서 인천에 사무실을 차려 회사의 회계 일을 맡겨도 묵묵히 일해 주었다. 운전학원에 보내 운전도 시켰다. 당시에는 여성이 운전하는 것은 매우 드문 일이었다. 친구들은 내게 "빨리 새장가 가고 싶어서 운전시키는 것 아니냐"고 짓궂은 농을 하였다.

회사 일을 하면서도 배우는 노력도 게을리하지 않아 인하대 경영대학원 과정을 2년간 야간에 이수하였고, 서울대학교 최고경영자과정(33기)과 연세대학교 여성최고경영자 과정(2기)을 이수하며 누구보다 열심히 광림의 일에 정진하였다.

광림 10주년 행사가 끝나고 광림공사를 만들면서 아내에게 퇴직금을 규정대로 주고 은퇴시켰다. 그런데 그 퇴직금을 천안 각원사에 전액을 기부하는 것이 아닌가.

솟구치는 울음을 꿀꺽 삼켰다. '연꽃은 진흙에 피다'라는 말처럼 힘들고 어려워도 그것에 지지 않고 한결같이 옆자리를 지켜준 아내에게는 그저 고마울 따름이다.

2부 혁신으로의 길

❝ 원목 상하차 용역계약 _

광림이 처음 6대의 원목상차 크레인을 자체개발하여 인천 항의 원목사업장에서 출발하였는데 처음에는 아무도 광림을 눈여겨보는 사람이 없었다.

우리 기사들도 그 기계를 자유자재로 다루려면 꽤 오랜 기간 숙련을 필요로 했다. 처음에는 터덕터덕, 덜그럭덜그럭할 때마다 "아이구야, 겁난다!"라고 했다. 이걸 듣고 인천에 효성이나 삼미 같은 원목사업장에 내가 직접 찾아갔다.

"한 달 동안 무료입니다. 한 대씩만 배치할 거니까 한 달만 써 봐요."

그런데 공짜로 쓰라고 하는 데도 "나가세요. 나가요"라고 문전박대를 당하곤 했다. 모두 처음이니까 신기하지만 겁난다고 했다. 그러나 나는 확신이 있었다. 지금까지 해오던 방식으로는 첫째 위험하고, 둘째 생산성이 말도 안 되고, 셋째 경제성이 안 나오니까.

원목회사는 한 달에 오백만 원씩 임대료를 주고 중기를 빌려서 원목상차를 하고 있었다. 원목회사가 원목을 들여와 팔

● 인천 원목장에서 원목을 다루는 광림큰팔 (광림 사보 1993년 여름호)

려면 상차까지는 해 줘야 하니 원목장마다 중기를 몇 대씩 빌려 놓고 일을 하고 있었다.

　그런데 계산해 보니까 제대로 효율성을 올린다면 절반도 안 되는 비용으로 가능했다. 물론 안전문제도 완전히 해결된

다. 광림의 크레인이 들어가면 올려 주고 꺼내 주고 그런 사람
이 필요 없다. 기계가 원하는 대로 일을 처리하니까. 이만큼
효율성, 안전성, 경제성이 있으니 성공 가능성은 충분했다.

타사처럼 오백만 원 받고 빌려주는 영업도 가능했다. 그러
나 빌려주는 것보다도 직접 상차용역을 하는 것이 더 경제성
이 있겠다고 생각했다. 그러나 혼자 독식하면 사업이 안된다.
같이 나눠야 한다. 원목회사를 다시 찾아갔다.

"자, 지금은 뒤뚱거리지만, 우리 기사들이 한두 달 숙달되면
훨씬 능률이 오를 겁니다."

그전에 기아자동차에서 장착할 때도 그 현장에서 광림 1기
를 모집해 교육을 시켰다. 다들 중기 면허를 따고 나도 같이 땄
다. 그리고 우리 사회에 새로 나온 크레인이니 어느 누구도 작
동시켜 본 적이 없는 상황에서 작동훈련을 열심히 몇 개월 하고
나왔으니 현장실습을 1개월만 하면 운전도 원활해질 것이다.
그래서 내가 원목장마다 찾아가 실무자들에게 제안했다.

"원목상차 패턴을 바꿔 보세요. 이제부터는 당신들 중기를

모두 잊어버리세요. 당신 원목회사는 제재소에 원목을 팔 때 상차해 주던 서비스를 우리 광림이 용역 하겠습니다. 그 서비스를 우리 광림이 다 해드리겠습니다."

수입상인 원목회사는 제재소 회사에 한두 트럭, 많으면 열 트럭, 그 이상도 판다. 그때 원목을 차에 실어주어야 하는데 그 서비스를 우리 광림에게 맡겨달라는 것이다.

"당신 회사는 판매 전문이잖습니까? 판매 전표만 끊어서 우 리 기사한테 넘겨주면, 광림기사가 다 알아서 상차를 다 해 줍니다. 그리고 당신 회사가 한 달에 오백만 원씩 주고 빌려 쓰는 게 아니고, 당신들이 개별적으로 판매한 원목 총 재才 를 계산해서 주면 됩니다. 재 당 2원 70전만 광림에게 원목상 차용역비로 계산해 주면 됩니다."

그 일이 알려지자 주변에서 지인들이 걱정을 많이 했다. "어, 큰일 났어. LG에서 해외본부장까지 하던 친구가 옷을 벗 고 나와 중기용역 사업을 한다고 하더니, 저런 걸 들고 나왔어. 그거 가지고 돈 되겠어?", "7억 원이나 들여 중기용역 같은 일을 하다니 금융비용을 어떻게 감당하려고 그래?", "아니, 세상에 2원 70전짜리 일을 가지고 사업을 한다고 그래? 그게 사업이야?" 만나는 사람마다 걱정 반 회의 반이었다. 그 사람들 계산법으론 상상할 수 없었을 것이다. 하지만 얼마 지나지 않아 "정말 좋은 기계가 나왔어. 일이 빠르고 상차 비용도 많이 줄었어."라고 원목업계에 소문이 나기 시작했다.

어느 날 동해펄프의 담당 이사가 인천에 왔다. 소문을 듣고 내려올 수밖에 없는 사정이 있었다. 동해펄프는 국영기업으로 국제적인 규모의 펄프 화학공장이다.

펄프 공장을 시작 가동을 하는 데 화학 라인이 약 100m나 되는 것 같았다. 화학 공정의 전 단계로 통나무로 칩chip을 만들어 계속 공급해 주어야 하기 때문에 원목을 칩퍼chipper에 원활하게 넣어주어야 한다. 그런데 원목을 칩퍼에 넣는 중기가 몇 대나 되는데도 쉽게 해결되지 않았다는 것이었다.

"광림에서 원목 다루는 중기를 개발했다는데, 그 현장을 보고 싶습니다."

그래서 원목 현장으로 안내했더니

"우리는 시간이 급해요. 오늘 바로 울산으로 출발합시다. 나도 함께 내려가겠어요."

"그래요. 가 봅시다."

그때는 내가 지프차를 타고 다닐 때였다. 바로 그날 저녁 지프차로 선두에서 콘보이convoy하며 크레인 차량 2대가 울산 동해펄프 공장으로 향했다. 밤새 달려 새벽에 울산에 도착했는데, 국내에서 모여든 나무를 실은 트럭들이 정문에서부터 몇 백 미터나 줄을 서서 기다리고 있었다.

안으로 들어갔다. 동해펄프의 규모는 어마어마했다. 그 안에 치핑 플랜트chipping plant에서 받아놓은 나무가 운동장만 한 야적장에 가득 쌓여 있었다. 치핑 플랜트의 처리 용량 캐파시티capacity는 엄청나게 컸다. 나무가 들어가자마자 와장창 와장창 빠개고 부수어서 아주 잔 칩을 만들어 냈다.

칩퍼에다 나무를 넣어주면 그 칩퍼가 그걸 부수어 가지고 칩을 만들어서 화학라인에 넣어 주어야 한다. 기존의 중기로는 아무리 빠르게 갖다 넣으려고 해도 따라갈 수가 없었다. 중기가 원목 피딩 용도에 맞지 않는 거였다.

"다 나오세요. 비켜 주세요."

우리 '광림큰팔'을 넣었다. 가지고 간 두 대로 양쪽에 서서 척척 피딩 벨트에 올렸다. 넣자마자 왕창왕창 처리해 나갔다. 그 많은 트럭들의 물량과 어려운 작업을 순식간에 해치웠다.

"아, 이거면 되겠어요. 광림에서 우리를 도와주세요."

❦ 지시 감독을 받지 않는 용역계약 _

동해펄프에서 한 달 동안 간단한 조건으로 작업을 진행했다. 작업은 칩퍼 앞에서 피딩하는 것만이 아니었다. 넓은 운동장에 산더미처럼 원목을 재어놓고 있었는데, 그것을 처리하는 일까지 다 해달라는 것이었다.

기존에는 나무를 나르느라고 농촌에 쓰는 일명 딸딸이 경운기 20~30대를 쓰고 있었다. 원목차량이 들어오면 사람이 내려 쌓고 딸딸이에 올려 칩퍼 앞에 운반하면 중기가 칩퍼에 피딩하는 일관작업이었다. 딸딸이 가지고 언제 그 일을 다 처리하겠는가.

그 길로 부산으로 가서 한국전쟁 때 쓰던 미군 GMC 트럭을

2대 샀다. GMC 트럭은 오랜 세월이 지났지만 수리해 지금도 주로 산림청 산판 작업에서 널리 사용되고 있다.

딸딸이를 다 치우고 GMC 두 대에다가 광림팔을 붙여서 다 처리해 주었다. 그렇게 되자 동해펄프가 용역계약을 하자고 했다.

"그래요. 좋습니다. 다 우리에게 맡기는 거 대단히 고마워요. 우리가 책임지고 하겠습니다. 당신들이 마음대로 계약서를 쓰세요. 당신들이 필요한 것을 계약서에 다 넣어요. 내가 책임지고 당신들이 원하는 모든 것을 처리해 주겠습니다. 내가 책임을 다하지 못 한 경우가 생긴다면 거기에 대한 패널티 penalty도 책임을 지겠습니다. 세세하게 당신들이 원하는 대로 계약서를 만드세요. 나는 수정하지 않겠습니다.

단 한 가지 조건이 있습니다. 계약서에서 지시와 감독이라는 조항과 단어를 빼세요. 동해펄프가 우리 광림 직원들에게 지시 감독을 하지 마세요. 내가 얘기할 조건은 하나, 내 직원이 내 기사가 당신들의 지시 감독을 받지 않습니다. 나는 우리 광림 기사들이 당신들 지시받고 일하는 거 싫어요."

나는 단순한 하청이 아닌 파트너로 동등한 책임을 나누는 구조를 만들고자 했다. 그랬더니 원료부장이 "에이, 그러시면 됩니까?"라며 펄쩍 뛰었다. 원료부장은 광림 용역사업 담당이다. 게다가 치핑 플랜트chipping plant는 원료부장 소관이다.

"내가 원하는 조건은 딱 한 가지입니다. 계약서에서 지시 감독 조항과 단어만 빼세요. 이 문제는 타협을 하지 않겠습니다."

원료부장은 더 이상 말을 못했다.

"당신들이 편하도록, 신경 쓰지 않도록 하겠다는 것 아닙니까?"

"그러면 저희 원료부가 필요 없어지는데요."

"아니, 원목 사들이는 일을 해야지요. 가장 중요한 일이잖아요. 사실 공장은 가공공정이에요. 가공공정을 운용하는 것은 운반공정인데 광림 같은 전문조직이 있으면 전문을 존중해 주는 것이 복이에요.

당신이 결정 못 하겠으면 이사회에 올리세요. 당신 권한으로
는 이런 계약을 할 수 없겠지요. 그러니까 계약서 작성하기
전에 이사회에 내 말을 상정해 보세요."

결국 이사회의 승인을 받아 계약을 했다. 그로부터 몇 년
동안 광림의 모든 사원들이 똘똘 뭉쳐 열심히 일했다.

그즈음 전주제지에서도 1년간 용역사업을 했다. 동해펄프
와 계약할 때 한 말을 똑같이 반복했다.

"당신들이 원하는 대로 계약서를 쓰세요. 단 당신들 지시 감
독은 받지 않습니다."

그랬더니 전주제지 측에서 처음에는 펄쩍 뛰었다.

"이것은 너무한 것 아닙니까?"

"그것이 싫다면 우리는 하지 않겠습니다. 당신들이 처음이
아닙니다. 그러니 완전히 맡기세요. 맡기면 모든 책임은 내
가 지겠습니다. 만약 당신들 작업 라인이 우리 때문에 중지
되었다거나, 작업에 지장이 있거나, 사고가 있다면 내가 책

임을 지겠어요. 그러니 지시 감독이란 말을 아예 빼 버려요. 그것만 빼면 다른 것은 당신들이 원하는 어떤 것이든 다 사인 sign해 드리겠습니다."

결국 전주제지와도 지시 감독이라는 단어나 조문을 모두 빼버리고 용역업무 계약을 했다.

동해 펄프에선 24시간 풀가동을 하고 있었다. 울산 동해펄 프 공장 앞에 하숙집을 구해서 광림가족이 함께 살았다. 거기 에 투숙을 하면서 낮 팀, 밤 팀으로 나누어 두 팀이 교대로 쉴 틈 없이 일을 했다. 나도 같이 자고 먹고 했다. 그러니 직원들 건강문제도 관심을 가져야 했다. 매일 새벽에 일어나 교대시 간을 이용하여 내가 앞장서서 10여 명 전원이 숙소에서 바닷 길과 도로로 구보를 왕복 4km하고 아침 식사를 했다.

나는 일주일에 한 번씩 인천 원목야적장 절반, 울산 동해펄 프 절반을 오가면서 일을 했다. 그것도 시간을 아끼느라고 인 천 경부선 고속도로 중간지점의 금강휴게소가 오고 갈 때마 다 나의 숙소였다. 저녁에 출발하여 휴게소에 가서 자고 그 이 튿날 새벽에 출발하여 울산 동해펄프의 아침 교대 시간까지 가야 했다. 그런데 금강휴게소에 가서 자야 되는데, 졸음운전

때문에 휴게소까지 가면서 고속도로 갓길에 세워놓고 잠깐씩 눈을 붙이고 가니까 언제나 밤 12시가 넘어야 금강휴게소에 도착했다. 올라올 때도 마찬가지였다.

새벽에 일어나 금강휴게소를 출발해서 아침 해돋이를 보며 고속도로를 달리는 그 상쾌한 기분은 아직도 잊혀지지 않는 상큼한 환희의 순간이다.

❦ 정찰제 판매, 가격 할인이나 협상 없음 _

광림의 인천 원목 사업부가 점점 더 바빠지면서 다음에는 목포, 부산, 군산 등 전국의 원목사업장으로 확장하게 되었다. 전국 원목사업장의 원목상차 중기용역 패턴이 다 바뀌었다.

그다음으로 사업 패턴을 바꾼 곳이 동국제강, 현대 인천제철 등 제강회사들이다.

제철 업계에서 광림팔을 구매하겠다고 관심을 보인 곳은 동국제강이 처음이었다. 거기 공장장이 대학 선배였는데 오라고 해서 갔더니 말하길 광림의 크레인 매입가격이 한 대당 1억 5천만 원이니까 두 대 3억 원인데, 광림 부산지점장이 디스카운트D/C를 못한다고 했다는 것이다.

"금액 고하를 막론하고 사무 처리를 할 수 있도록 디스카운트를 해요. 그러면 즉시 계약을 하겠어요."

"선배님, 저 좀 도와주세요."

"내가 당신보고 도와 달랬지, 당신이 나더러 도와달라고 하면 어쩌자는 건가?"

"선배님, 디스카운트는 없습니다. 단일가격입니다. 광림의 가격정책입니다. 제가 백만 원은 커녕 십만 원도 못 깎습니다. 선배님 좀 이해해 주세요. 가격은 못 깎습니다."

공장장이 화를 벌컥 내면서 말했다.

"됐어요. 그만 올라가세요."

그렇게 해서 광림큰팔 판매계약 1호는 깨어지고 말았다. 결국 광림기계 1억 5천만 원짜리 제품의 1호 고객은 인천 현대제철이 되었다. 그런데 나중에 동국제강도 우리 기계를 샀다. 동국제강이 국내 제철업계 1호 고객이 될 것이었는데, 가격 할인을 안 하는 광림의 정책 때문에 2호가 되고 말았다.

가격 네고negotiation를 받지 않으려면 때에 따라서는 계약 욕심을 버려야 한다. 그러나 거기에는 더 근원적인 바람이 있었다. 광림이라는 기업과 고객과의 믿음을 꿈꾸고 한 일이다.

❝ 산업현장 혁신은 기술만으로는 안 된다 _

고철, 폐지, 원목 등의 작업현장에 광림큰팔이 들어가서 작업 패턴을 바꾸었다. 제철공장 내에 광림팔이 들어가면 공장 건물의 설비 레이아웃도 바꾸었다. 전국의 원목사업장에서 중기를 빌려 놓고 원목상차작업을 하던 것을 광림의 중기용역 사업으로 현장의 원목상차작업 형태를 송두리째 바꾸었다. 광림이 관계되는 분야의 산업현장에서는 생각부터 기술, 제품, 제도를 송두리째 새로운 것으로 개선하거나 바꾸었다. 주먹구구식으로 사람이 힘으로 짐을 싣고 내리는 화물 자동차의 운수체계를 광림팔로 기계화해 안전하고 효율적으로 바꾸었다.

그러나 우리 사회의 산업현장에 새로 등장한 산업용 크레인이나 크레인을 올린 특장차는 기존의 법제도가 없었다. 다목적 소방차를 개발해서 특장차를 시작할 때에도 관계법규를 새로 만들어야 했고 정부의 유권 해석도 일일이 다 받아야 했다. 그 모든 일이 기존의 일이 아닌 새로운 것이기 때문에 법 규정부터 새로운 제품의 시장개척까지 해야 할 일들이 언제나 본업보다 더 많았다.

❝ 무일푼 창업: 한국산업리스금융 _

광림을 처음 시작할 때 크레인을 만들려면 자금이 필요했다. 스카니아SCANIA 20톤 트럭에 올린 욘스레드JONSERED 크레인 완제품의 수입단가는 2억 원으로 6대면 12억 원이다. 막대한 금액이었다. 원가절감을 위해 발상을 전환했다. 스웨덴에서 욘스레드의 어퍼파트upper part만 3억 원에 수입하여 국내에서 8.5톤 기아자동차 트럭 섀시chassis에 장착해 추가 4억 원, 합산해 전체 7억 원으로 6대를 국산화하여 장비원가를 절반으로 줄일 수 있었다.

처음 도입포션portion 3억 원을 한국리스금융에 신청했다. 그러나 산업 크레인이 법적으로 등록된 장비가 될 수 없고 등록이 되어도 동산이기 때문에 담보가 될 수 없다는 것이다. 별도의 담보나 신용으로 해야 하는데, 담보도 없지만 신용이라는 것도 신설하는 회사이니 신용이 있을 수가 없다. 몇 번이나 방문해서 리스자금 이용을 관철하려고 노력했지만 접수 자체를 거부당했다.

실질적인 심사의 최고 책임자가 미국인 부사장임을 알아냈다. 미국 부사장에게 특별 면담을 신청하여 사업설명서 자료를 내놓고 열심히 설명을 했다.

현재 한국의 원목사업장에서는 원목상차작업이 와이어크레인을 사용하여 와이어 끝에 갈고리로 원목을 사람이 묶어주고 풀어주고 작업을 하고 있는데, 안전사고와 생산성이 극히 위험하고 불합리한 상황에 있다.

원래 미국이나 유럽에서는 로그로더라고 하는 원목전문 중기가 있는데 한국에서 이런 원목 로그로더가 적용되지 못하는 것은 수입원목이 원목야적장에서 판매, 출하 상차 시에 원목하나하나를 종구와 말구를 재고 길이를 재어서 판매물량을 재 단위로 계산하는 시스템을 운영하고 있는데 이는 해방 전부터 사용되어 오는 한국만의 특이한 사정이다.

한국의 특이한 원목상하차 중기사업을 개선하기 위하여 먼저는 한국형 원목상하차중기를 개발해야 하는데 이를 위하여 구라파의 산판에서 사용하는 산업용 크레인의 메인 구조물을 수입하여 국내의 기아자동차에서 장착하려고 하는데 도입포션을 한국리스금융에서 신용으로 금융을 검토하여 주면 고맙겠다고 했다.

인천항을 비롯한 전국의 원목야적장에서 원목상차작업을 하고 있는 와이어크레인은 전부 60대 정도 되는데 금번 신청한 광림의 크레인은 6대분이며, 6대가 현장의 오랜 원목상차작업패턴을 바꾸게 되면 점차적으로 전량 대체될 것이 확실하다고 설명하였다.

이튿날 기쁜 소식이 왔다. 실무부서에서 신청서를 접수하라는 연락이 왔다. 그렇게 해서 리스금융 3억을 신용으로 풀었다. 사업내용과 사업열정을 신용으로 평가해 준 것일까?

❝ 국산화기계구입자금: 당신 목이 날아가기 전에 내 목을 먼저 _
정부에서 중화학공업 정책을 펴면서 기계공업 육성에 대한 특별법을 만들어 국산화기계는 정부가 장기 저리로 론loan을 해 주고 있었다. 그걸 전제로 사업계획을 했던 것이다. 그렇다 처도 정말 작은 소기업도 안 되는 회사를 가지고 그것도 사업 초기인데 누가 돈을 빌려주겠는가. 중소기업은 예나 지금이나 금융을 일으키는 게 가장 어려운 과제이다. 금융은 항상 레코드record가 필요하다. 광림은 당시 신설법인 등기부 등본 한 장만 달랑 있는 회사였다. 그걸 가지고 배짱 좋게 정부 지원을 받으러 갔다.

그것이 창구를 먼저 찾아가서 풀 수 있는 일이 아니다. 창구에서는 신설 회사라면 거들떠보지도 않는다. 더구나 법규상 자격을 따지면 이건 말도 안 되는 거다. 그래서 재무부에 있는 친구를 찾아갔다. 회사를 시작하고 한국에 없는 새로운 크레인을 개발하려고 하는데 기계공업 국산화자금을 지원받으려고 한다. 사람을 소개해 줄 수 있겠느냐고 이야기했다. 이튿날 중소기업은행장비서실로부터 집으로 전화가 왔다.

"내일 은행으로 들어올 수 있겠습니까?"

"네, 시간 맞춰 가겠습니다."

은행장실에서 만난 은행장은 첫 마디로 내 친구 얘기를 꺼냈다. 은행장과 내 친구 관계는 은행장이 국장일 때는 내 친구는 과장이었고 은행장이 차관보일 때 내 친구는 국장이었다. 은행장이 말했다.

"내가 이 국장을 잘 안다고 생각하는데, 그 사람이 이런 말을 하는 것을 한 번도 들어본 적이 지금껏 없었어요. 평소에 안 하는 얘기를 하는데 한 가지만 물어봅시다. 두 사람이 어떤 관계입니까?"

그래서 내가 잠시 생각하고 대답했다.

"대학 동기입니다. 그렇다고 해서 개인적으로는 친한 관계는 아닙니다. 또 자주 만나는 친구도 아니고요. 길도 다르지요. 그렇지만 내가 친구가 어떤 사람이라는 걸 안다고 생각하고, 친구도 내가 어떤 사람이라는 걸 안다고 생각하는 사이입니다. 그러니 지기지우 관계라고 하면 될 것 같습니다."

사실 나는 일에 관한 이야기를 할 줄 알았다. 그랬기에 사업 계획서를 만들어 가지고 그것을 들고 브리핑 준비를 했다. 그렇게 나름대로 준비를 많이 해서 가져갔는데 그런 것은 한 마디도 묻지 않았다. 내 이야기를 듣고 은행장이 버튼을 눌러 전무를 들어오라고 했다.

"사람을 소개할 테니 이야기를 좀 들어봐요."

그러면서 나를 전무에게 인계했다. 전무 방에서 준비한 사업계획서를 내놓고 사업 브리핑을 했다.

"내가 인천 지점장한테 이야기를 해 놓을 테니 거기 가서 이야기를 하세요."

인천에서 10평 남짓한 사무실을 임차하여 광림을 시작할 때였다. 그래서 인천 지점장에게 가서 이 얘기를 했더니 인천 지점장이 정색을 하고 딱 잘라 말했다.

"내가 이거 모가지 열 개라도 못해요. 전무한테 연락을 받기는 받았는데, 은행장이 아니고 재무장관이 하라고 해도 내가 못해요."

단호하게 거절했다. 영 예측하지 않은 건 아니었지만, 딱 잘라 말하니까 여간 난감한 게 아니었다.

"당신 이야기를 통 못 알아들을 정도로 내가 이 분야의 문외한이 아닙니다. 아무것도 몰라서 이 짓을 하겠다고 당신 앞에까지 왔다고는 생각하지 마세요. 나도 이 분야에 대해 공부하고 검토한 거니까 생각 좀 해 보세요. 나는 가능하다고 생각했는데 당신은 일언지하에 목이 열 개라도 안 된다고 그러니 거절하는 데는 다 이유가 있을 게 아닙니까? 그걸 알려 주세요."

그랬더니 지점장이 더욱 정색을 하면서 이야기를 했다.

"이것은 내가 마음대로 집행하는 자금이 아닙니다. 정부의 특별자금입니다. 그 정부 특별자금을 우리가 집행만 하는 건데, 아니, 지금 당신의 말이 부품은 유럽에서 들여오고 광림에서 제작을 해 가지고 국산 중기라고 말하지 않았어요? 그런데 중기라는 게 그리 간단한 것입니까. 당신에게 무슨 공장시설이 있습니까. 경력이 있습니까. 레코드record가 있습니까. 그러니 당신 말은 어불성설이에요. 당신 말대로 하면 그것이 어떻게 국산화 중기 기계입니까? 수입산이지. 그것을 가지고 기계공업 국산화자금의 융자 대상이 되는지 안 되는지 검토를 해 달라고 하면 어떻게 합니까?"

"국산 기계라는 게 뭡니까? 백퍼센트 국산 부품을 쓴 게 국산
기계입니까? 백퍼센트 국산부품을 쓴 건 없어요. 적어도 이
런 정책자금을 쓰는 중기는 말이지요. 그래서 국산화율이라
는 게 있지요. 내가 검토해 달라는 광림크레인은 국산화율이
58%에요. 50%가 넘어요. 다른 기업들도 부품을 수입하잖
아요. 말하자면 중기만 그런 게 아니지요. 본질적으로 기계,
중기, 자동차라는 게 조립공업의 산물이라는 것을 먼저 이해
해 주었으면 좋겠어요.

광림에서 국산화 하려는 중기는 산업용 크레인인데 현재 국
내의 중기메이커에서 나오는 크레인은 모두 건설용 크레인
이에요. 다시 말하면 산업용 크레인은 현재 한국사회에는
국산화나 수입제품이 없으니까 내가 새로운 장르의 크레인
을 개발할 수밖에 없어요.

그리고 내가 개발한다는 것이 내가 공장시설을 갖고 직접
제작해야만 하는 것입니까? 나의 설계도를 가지고 국내의
중공업이나 자동차회사와 계약으로 제작발주해서 제조할
수 있는 것 아닙니까. 그러한 전례가 없었을 뿐이지요.

그다음에 내가 이것을 국산화로 이야기하는 것은 자금 때문에만 이러는 게 아닙니다. BEPBreak-Even point, 손익분기점는 조금 더 오래 걸리겠지만 오히려 외화대출을 해 가지고 완제품으로 외국에서 들여오면 훨씬 더 쉽다는 걸 잘 알고 있어요. 그런데도 외국에서 완제품으로 들어오려는 것이 아니고 한국에 없는 산업용 크레인을 한국의 현장 실정에 맞도록 처음으로 국산 개발 하겠다는 것입니다.

설계는 KIST의 기계공업박사 사람이 공동 작업하였고, 조립장착은 기아자동차와 계약 하에 기아자동차의 섀시에 장착해 제작할 것입니다. 그러나 국산화기계 개발자는 광림이에요."

아무튼 지점장은 자기로서는 모가지가 열 개라도 검토 못하겠고 단호했다. 그래서 물었다.

"당신이 말한 대로 당신은 집행하는 사람 아니오? 기계국산화자금은 일반 자금을 심사하듯이 하는 게 아니라 특별 심사한다고 하지 않았소. 그런데 유권해석은 당신이 하는 것이 아니라면 내 이야기가 어떻게 하면 심사대상이 되겠는지 그

방법을 알려 주세요."

그랬더니 본부의 심사부에 가보라고 했다. 그래서 본부의 심사부를 찾아가 거기에서도 똑같은 말을 했다. 심사부 역시 똑같은 대답이었다. 그곳에서도 물었다.

"그러면 국산화기계 공고품목 리스트 상의 크레인에 해당되 는지 안 되는지를 최종 유권 해석할 곳이 어딥니까?"

그랬더니 그건 자기들이 하는 게 아니라고 했다.

"어떻게 됐건 당신네 기관은 법을 집행하는 곳인데, 당신이 이해를 못 하겠다고 그러면, 그럼 법을 관장하는 정부가 있 을 게 아닙니까?"

이렇게 물으니 크레인 중기 국산화에 대한 유권해석은 건 설부 중기과에 가서 알아보라고 했다.

"그래요. 알았습니다. 진작 그렇게 가르쳐 주었으면 좋았을 텐데, 무조건 안 된다고 하고 상식에 맞지 않는다고만 그러면 어떻게 합니까?"

덧붙여 부탁을 했다.

"요청사항이 있어요. 광림의 크레인 국산화 해당 여부에 대하여 상세하게 유권해석 질의를 중소기업은행의 정식공문으로 질의를 해 줘요. 다음에 제2, 제3의 유사한 경우가 다른 사람으로부터 나올 때를 위해서입니다."

건설부 중기과장을 만나러 갔다. 만나기 전에 건설부 감사과장으로 있는 내 친구를 먼저 만나 간단히 사연을 이야기했더니 친구가 중기과장에게 같이 가겠다고 하여 중기과장과 세 사람이 자리에 앉았는데 중기유권해석 얘기를 꺼내자마자 중기과장이 내 친구보고 말했다.

"당신도 잘 알지 않아요? 내가 이 자리에 온 지 한 달이 채 안 되었어요. 더구나 이 자리에 갑자기 온 이유는 전임자가 중기 유권해석을 잘못 해서 떠난 것을 잘 알잖아요. 그 후임으로 온 나를 보고 지금 중기 유권해석을 내리라고 하면 어떻게 합니까?"

유권해석 자체를 거부할 자세를 보였다. 그러니까 내 친구가 중기 과장에게 말했다.

"박 과장, 내가 이 친구가 하는 일에 대해서는 잘 모르지만 친구인 윤 사장은 잘 알아요. 우리 친구들 사이에서도 가장 신망 받는 사람 중 한 사람입니다. 그러니 사업 이야기를 자세히 들어 봐요. 중기 이야기도 자세히 들어 봐요. 아까 전임자가 유권해석을 잘못해서 떠난 사유에 대해서는 나도 잘 알지요."

중기과장은 말이 없었다. 내 친구가 다시 설득에 나섰다.

"얘기를 들어보고 만일 이유가 있다면 해 줘요. 그것 때문에 당신 목이 날아가는 일이 생기면 그때는 내 목을 먼저 써요. 내가 약속하겠소."

내 친구가 동료에게 목을 갖다 대겠다니까 침묵이 계속되었다. 이번에는 내가 나섰다.

"일단은 내가 설명부터 하겠습니다. 한번 들어 보시고, 결정은 나중에 천천히 하세요."

그랬더니 계장하고 담당자를 불렀다. 그래서 KIST 박사들이 만든 설계도와 기술 자료를 다 내놓고 기술 및 사업설명을 충분히 했다. 말미에 광림이 금번 국산 크레인을 개발하겠다는 것은 지금까지 한국에는 건설 크레인만 존재하였는데 처음으로 산업용 크레인을 국산화 개발하여 산업 현장이나 산업체 공장이나 도로 위의 화물자동차의 구조를 개혁, 혁신하기 위한 것임을 강조하였다.

근 한 달 가까이 되어서 긍정적인 유권해석을 받았다. 기계공업육성법에 연관해서 중소기업은행에서 질의한 광림 크레인이 기계국산화자금 지원리스트 몇 항 크레인에 해당한다고 유권해석을 했다. 내가 만세를 불렀다. 유권해석 사본을 가지고 중소기업은행에 가서 서류를 내놓았더니 모두가 엄숙해졌다.

유권해석이 나오기 전까지 중소기업은행 안에서는 대학 동기를 포함해서 나를 아는 사람들끼리 내가 희대의 사기꾼이라고 수군거렸고 재무부의 친구에게 달려가 이런 국제사기꾼을 은행장에게 왜 소개하였느냐고 걱정했었기 때문이다.

사물을 어떤 눈으로 보느냐에 따라 너무나 극명하게 다른 경우를 또 한 번 보게 된다.

그 후 4년 만에 정부의 중소기업은행 투자 특별법이 시행되자 중소기업은행이 자본금 5천만 원, 회사채 인수 5천만 원, 합계 1억 원의 투자를 하고 중소기업은행이 광림기계의 주주은행으로 참여하게 되었다. 정부의 중소기업 진흥정책에 의해 중소기업은행이 중소기업에 자본금을 출자하고 주주가 되는 특별법에 의하여 중소기업은행이 제1차로 투자한 회사가 되었다. 광림기계의 크레인을 생산하여 전국 판매가 본격적으로 시작되고 있었으므로 큰 도움이 되었다.

그런 다음 2년 후 우량 중소기업 연장신청을 하라고 인천지점에서 연락이 왔다. 내가 거절했다.

"연장하지 않겠습니다. 그동안 1차 우량 중소기업으로 선정되어 많은 금융 혜택을 받았고, 광림의 성장에 큰 힘이 되었으니 이제 다른 기업에게 기회를 주시오. 대신 1차로 선정했으니 1차로 명예졸업을 시켜주면 어떻겠소."

그러자 얼마 후에 명예 졸업제도를 만들었고 명예 졸업식을 갖기로 했으니 본부에 참석하라는 연락이 왔다.

❧ 기아자동차 장착조립 _

어퍼파트를 장착할 자동차회사를 기아자동차로 정했다. 그런데 KIST의 홍예선 박사와 김상국 박사가 권동수 부장과 같이 공동 설계한 장착도면을 내놓고 장착의뢰를 했더니 기아에서는 못 한다는 것이다. 기술적으로야 설계대로 장착하면 되지만 출하를 하려면 법적 등록을 해야 한다. 그러려면 기종 형식고시가 되어 있어야 한다는 것이다.

기아가 아니라 한국 자동차 회사 모두가 공동으로 해도 이런 고시를 만들 수가 없다. 자동차 회사가 아무리 힘이 있어도 이런 고시는 절대 불가능하다면서 단호하게 거절했다.

"우리도 이 일을 하고 싶지만 다른 방법이 없어요. 잊어버리세요."

그러나 나에게는 결코 잊어버릴 수 있는 일이 아니다

"그래요, 알았습니다. 정부의 고시가 절대적인 문제라면 내가 그 고시를 만들어 오겠습니다. 당신들은 설계대로 기아의 자동차 섀시에 웨이트weight와 장착부품을 준비하세요. 도입포션은 역시 내가 금융부터 수입입고까지 책임지고 공급하겠습니다. 고시를 못 만들어 오면 최소한 장비는 기아자동차 공장 안에 있을 것 아닙니까? 계약서도 기아에서 모든 조건을 일방적으로 만들어요. 그냥 그대로 계약하지요."

더 이상 기아자동차도 못한다고 빠질 수가 없었다. 자기들의 자존심이기도 하고.

숱한 갑론을박 싸우기도 하고 토론 과정을 거쳐서 결국에는 교통부도 크레인장착자동차의 형식승인이라는 것을 내놓았다. 우리 집안의 형님이 형식승인 교통법 제정에 참여하셨는데 형님의 절대적이고 헌신적인 도움으로 교통부의 형식승인 고시를 받아 기아자동차에 제출하였더니 참말로 당신은 믿기지 않는 사람이라고 하였다. 아무튼, 기아자동차에서 계약에 따라 장착을 착수하였다. 이렇게 '광림큰팔'이 만들어졌다.

■ 큰팔
Big Arm
■ 긴팔
Long Arm
■ 날랜팔
Sharp Arm
■ 쎈팔
Strong Arm

● 당시의 광림 크레인 제품들 (광림 팸플릿)

나의 인생에서 가장 어려운 시절에는 그 형님이 계셨다. 10
년 전 금성사 과장시절, 간첩혐의로 대학생인 친구의 조카를
동대문경찰서 정보계에서 유치를 시키고 조사를 시작하려는
찰나에 내가 들어가 내가 아는 친구 조카가 절대로 간첩이 아

니고 공산주의자도 아니니 석방시켜달라고 하였더니 이튿날 당장 나에게 구속영장이 발부된 일이 있었다. 반공법, 국가보안법의 불고지죄와 간첩자금 제공죄였는데 서대문형무소에 가서 한 달 후에 무혐의로 석방은 되었지만 아무도 면회조차 오는 사람이 없는 그때도 형님이 계셨고, 광림이 부도가 나고 불불조에서 회생을 위해 애를 쓰고 있을 때에도 부동산을 제공하여 금융의 숨통을 열어준 분이다. 지금 아산병원에 입원 중이신데 편안한 투병과 빠른 회복으로 퇴원하게 하여 주시기를 기도합니다.

❦ 광림 사장이 집 한 채 없다니 _

1988년 반월공단 1천 평 공장에서 청원공장 2만 평으로 공장을 확장할 때 운전자금 5억 원이 필요해 신용보증기금과 외환은행에 제안을 했다.

"신용보증기금에서 2억 5천만 원, 외환은행에서 2억 5천만 원, 5억 원의 양 기관 합동신용보증을 검토하여 주시면 어떻겠습니까. 금융기관의 합동 신용보증의 좋은 선례가 될 수 있지 않겠습니까."

● 청원공장 준공 기념비, 당시 광림가족 전원의 이름을 새겼다. (광림 사보 1996년 봄호)

말하자면 기관 간에 제휴한 신용보증 대출제도를 하나 만들자는 것이었다.

내 제안을 받아들여 외환은행 여의도 지점에서 5억 원 신용대출 기표가 끝난 그 이튿날 지점장실에서 전화가 왔다.

"지금 바로 좀 봅시다."

그때 광림 서울사무소가 외환은행 여의도지점과 대왕빌딩에 같이 있었다.

"내가 실수했네요."

지점장이 앞뒤 없이 말했다.

"무슨 실수요. 기표 다 끝났는데요."

"나는 당신이 재산세가 없는 줄은 미처 몰랐어요. 그런데 우리 외환은행 규정에 대표이사가 재산세가 없으면 안 됩니다. 본부 심사에서 난리가 났어요. 아무리 기표했더라도 규정은 규정이니까 이것은 안 됩니다."

그때 인천 송도의 미분양 할부 아파트에서 살고 있었다. 그러니까 재산세가 부과 안 되었던 것 같다.

"재산세가 없다는 게 우리 심사규정상 결격 사유입니다."

"아니 집 없는 것도 죄요? 그것이 꼭 결격 사유가 됩니까?"
자기네 은행 규정이 그렇다고 했다.

"그러면 어떻게 했으면 좋겠습니까?"

"우리 이러면 어떻겠습니까? 당신 이름으로 얼마면 아파트를 살 수 있겠는지 빨리 알아보세요. 그리고 부족한 부분을 얘기하세요. 5억 원도 신용대출을 했는데."

결국 인천 연안부두 할부 아파트에 살다가 5천만 원을 대부받아 잠깐 부평에 와 살게 되었다. 그때 지점장이 한 말이 기억에 남는다.

"아니, 어떻게 재산세도 못 내는 대표이사가 있어요? 게다가 당신 처자식은 어떻게 살라고 집도 절도 하나 없습니까?"

🐘 신용금융거래는 금융기관과 기업 간의 협동 상생의 틀 _

우리 사회의 경제적 발전단계는 1960년대 해외수출이 시작이다. 그래서 1960년대에 수출의 날 행사가 제정되었고, 1970년대에는 무역의 날로 바뀌었다. 1980년대는 그동안 상대적으로 소홀히 해왔던 중소기업을 일으켜야 할 때였다. 그래서 1980년대 후반에 중소기업의 날이 제정되었다.

1989년 제1회 중소기업의 날, 노태우 대통령도 참석한 여의도 중소기업중앙회 강당의 행사자리에 광림의 성공사례를 발표해달라는 요청이 왔다. 그 주제가 바로 신용금융이었다.

알다시피 광림에게는 아무런 부동산이 없었다. 청원공장이라고 해야 기십억 원도 안 되었다. 더군다나 그건 광림의 소유라기보다는 광림이 분양을 받아서 할부처럼 갚아나가는 제도상의 재산이었다. 말하자면 정부의 특수농공단지법의 제도로 만든 공장이었다.

그런데도 불구하고 1989년에 광림의 금융이 180억 원 정도 되었는데 금융권의 신용금융으로 만들어낸 것이다. 광림에서는 제도 금융권만 썼지, 사채 같은 것은 쓰지 않았다.

은행에 가서 신용거래를 시작하려고 하면 적어도 네다섯 점포에를 들어가 봐야 한다. 그러면 그중 한 곳에서 검토해 보자고 한다. 대부분은 신용으로 돈을 빌려달라고 하면 픽 웃어버린다. 돌아 나오는 내 뒤통수에 대고 "저 친구 돌았나."라고 하기도 한다. 못 들은 척하고 나온다. 어디 거기에다 왈가왈부 대꾸할 수 있겠나. 그중에 한 번 이야기나 들어보자고 하는 곳이 나오면, 한 번만이 아니고 세 번 네 번 다시 찾아간다. 그래서 참 끈질긴 사람이라고 했다.

신용대출을 처음 이야기할 때에는 3천만 원이나 5천만 원이다. 그러나 어렵게라도 3천만 원이나 5천만 원 신용거래가 이루어지면, 그 이후부터는 약속만 잘 지키면 1억 원으로 다시 5억 원으로 증액되는 것이 처음 신용거래를 틀 때 보다 훨씬 쉽다.

그러나 신용은 언제나 한도가 있다. 한 금융기관에서 한도 가까이 가면 다른 금융기관을 찾아가 다시 신용거래를 상담하게 된다. 그때 앞의 금융기관과 신용금융 레코드 기록이 대단히 도움이 된다. 신용금융기관 거래가 많으면 많을수록 신용금융 상담이 쉽다. 앞에 이야기한 신용보증기금과 외환은행의 예처럼 협동신용금융제도를 개발하기도 하였다.

신용금융은 특성이 있다. 그 기본은 당연히 레코드인데, 신용이라는 거래 성격상 나타난 숫자뿐만 아니라 숫자로 나타나지 않는 그 기업의 내용·모양·의미 즉, 그 기업의 문화·생각·철학 같은 숫자 외적인 요소들도 상당한 영향을 미친다.

또 다른 특성은 담보로 쓰는 금융대출은 담보한도 내에서 가용 금융 한도가 대출을 받을 때마다 줄어들지만, 신용금융은 대출을 받은 기록이 많아지면 많아질수록 신용금융 한도가 늘어나는 특성을 지니고 있다.

신용금융거래는 금융기관과 기업 간의 아름다운 협동 상생의 틀일 뿐만 아니라, 우리 사회가 믿음의 사회로 가는 데에도 큰 몫을 차지하고 있다.

이 대목의 이야기를 하는 것이 가장 가슴 아프다. 한국의 금융기관 26곳이 광림에 신용금융을 하고 있었다. 그뿐만 아니고 광림의 6자 주인이 1200명인데 그분들이 물질적 정신적 믿음을 모아주었다. 그 믿음을 받들어 이루지 못하고 깨져버린 내 실수가 뼛속까지 저리고 아프다.

제1회 중소기업의 날 행사에서 신용금융 주제 발표를 한 그다음 해 한국능률협회가 주최하는 최고 경영자 연수회에 강사로 초청되었다. 제주도 신라호텔에서 3박 4일 동안 프로그램에 90분 강의였다.

제주도 연수회에 은행장도 네 명이 참석하였는데 연수회에서 돌아가 이사회에서 광림에게 신용금융을 준 사실이 있느냐 없느냐를 확인하여 없다면 혼을 냈다고 한다. 광림 같은 중소기업에게 신용으로 준 레코드가 없다는 사례는 은행이 정부의 시책에 부응해서 업무를 적극적으로 개척하지 못한 것이라는 것이다.

은행에서 광림에게 거꾸로 돈이 얼마나 필요한지 물어오

는 상황이 되었다. 1994년 12월까지 5년 동안 나는 은행에 가지 않았지만 신용금융은 그 기간 동안에 100억 원 정도가 추가되어 총 300억 원 정도의 신용금융을 받고 있었다.

❦ 시스템 기술로 세계특허출원 _

광림의 시작은 산업용 크레인 6대의 중기용역사업이었는데 스웨덴에서 완제품을 들여와서 현장에 바로 투입하는 것이 아니었다. KIST의 박사 세 사람한테 "스웨덴에서는 핵심 유압팔만 가지고 들어 올 테니까, 당신들이 구동력, 엔진, 파이핑 웨이트 등 시스템 설계를 해 달라"고 부탁했다. 설계가 나오면 장착은 국내 자동차메이커에 맡겼다.

소방차든 청소차든 광림의 기술은 시스템 기술이었다. 기술을 매크로macro 어프로치를 했기 때문에 그 기술이 나온 것이다. 그게 바로 기술의 선진성이다. 시스템 기술을 가진 선진국은 제품개발을 자기들의 상황에 맞춰 설계한다. 한국은 당시 기술개발의 대부분이 부품 소재 쪽에 머물러 있었다.

이런 시스템 기술로 광림은 철탑산업훈장을 받았다. 광림의 날랜팔은 세계 특허 출원된 시스템 기술이다. 또 다른 세계 특허 출원된 다목적 소방차는 해외로 나가면, 아시아든 신흥

국이든 좋은 시장을 열 수 있겠다고 생각했다.

다목적 소방차는 아시아형

1984년 불광동에 있는 한 유치원에서 원장 선생님이 잠시 외출한 사이에 2층 건물에 불이 났다. 소방차가 달려갔으나 문은 잠겨 있었고 창문에는 방범용 쇠창살이 견고하게 박혀 있었다. 소방대원들이 쇠창살을 뜯지 못해 안달하는 사이 어린 원생 아이들을 모두 잃어버린 참상이 있었다.

불이라는 재난상황이 발생했을 때 기존의 상식은 불이 나면 불을 끄고 재산을 보호하는 것이었다. 그러나 그건 아니다. 불이 났을 때 소방차가 달려가 먼저 창살과 출입문 뿐 아니라 벽을 부수어 아이들을 구출했어야 했다.

그때 우리 광림 크레인 팔이 들어갔다면 간단히 해결할 수 있었다. 광림 크레인에는 갈고리 손이 달려 있다. 이제까지는 위험한 작업을 할 때 그 손가락을 썼다. 생산하는 데 썼다. 생산할 수 있으면 왜 파괴는 못 하겠는가. 그 손으로 창살을 꽉 집어서 홱 비틀어버리면 간단히 뜯어낼 수 있다. 통상과는 반대로 파괴를 해라. 그게 발상의 전환이다.

소방차나 특장차는 정부의 산업합리화조치가 시행 중이었

으므로 국내에서 생산 판매를 할 수가 없는 상황이었지만, 소방차사업을 시작해야 되겠다는 강박관념이 나에게 박였다. 한 번 생각이 박이면 그 생각을 현실에 관철시키기 위하여 밤낮을 골똘히 매달리는 습성이 있다.

개발도상국이라도 소방차와 소방 시스템을 가지려면 선진국에서 개발한 소방 시스템을 그대로 도입할 수밖에 없다. 인구가 몇 천 명, 몇 만 명인 소도시도 물탱크 소방차, 화학 소방차, 멀티 리프터multi lifter, 사다리 소방차 등 이 모든 장비를 따로따로 갖춰야 한다. 선진국에서는 그렇게 하는 게 더 효율적일 수도 있다.

그러나 개발도상국에서는 그게 부담이 된다. 소방차라는 기존 시스템 개발이 선진국 기술이니까 그렇다. 런던, 파리, 뉴욕 할 것 없이 대도시에 맞추었다는 얘기다. 그런 데서는 선진국형 소방차 시스템 체계밖에 될 수 없다.

그러나 우리는 중소도시도 있고, 농촌도 있으며, 시골도 마을도 있다. 서울이 아닌 중소도시나 시골에 불이 났을 적에, 그때는 소방차 여러 대를 다 몰고 간다는 것은 낭비다. 기존의 물탱크 소방차에 우리 광림팔을 구난용으로 얹으면 다목적이 될 텐데 이왕 다목적으로 설계를 하려면, 물탱크 외에 화학

■ 다목적 굴절 사다리 소방차 Multi-Purpose Fire Truck

● 광림의 다목적 굴절 사다리 소방차 (광림 팸플릿)

소방차나 조명 등 다른 장치들을 더 넣어서 다목적 소방차를
새로 개발해 보면 어떻겠나? 광림이 새롭게 소방차 개발에 들
어가는 것은 전혀 새로운 모델을 만들어내는 것이 되었다. 광

림은 시스템 설계 기술을 추구하기 때문에 그것이 가능했다.

1985년 가을 소방학교에서 소방의 날 행사가 있었다. 그날 전국 소방관들이 모인 소방의 날 행사장에 광림 다목적 소방 차가 선을 보였다. 국내법이야 어떻게 됐든 당신들 광림에서 이런 소방차가 나왔으니 관심 가지고 한 번 봐 달라고 했다.

"행사 처음부터 그 날 광림 소방차 데몬스트레이션까지 비 디오 촬영을 해 두세요."

국내법이 자동차산업합리화조치1982~1987로 특정 업체만 생산 판매하라고 막아버렸지만 데몬스트레이션까지 못하게 막을 수는 없다. 광림에서 세계 특허 출원한 소방차를 한국에 서 첫선을 보인다. 비디오테이프로 행사를 담아 두었다. 해외 시장에 들고 나갈 때를 기다렸다.

광림기계
광림정밀
광림특장자
KANGLIM CO.,

3부 세계로

"아니, 정부의 자동차 산업합리화조치 때문에 지금 할 수 없는 특장차를 왜 시작하려고 해요?"

광림에서 특장차를 시작하려 하자 이구동성으로 나온 말이다. 그래서 내가 소리를 높였다.

"시장이 우리 한국에만 있습니까? 우리가 기계공업을 시작할 때 기계공업이 성공하려면 반드시 세계적이어야만 가능하다고 전제를 했어요. 그리고 정부의 산업 합리화 조치라는 것은 시간이 지나면 풀지 않을 수 없게 되어 있어요. 그동안에 밖에부터 먼저 해야 하는 것이지요."

이 말을 상식적이라고 들어줄 사람이 어디 있겠는가. 국내에서 한 대도 만들어 보지 못하고 팔아보지도 못한 것을 가지고 해외 수출을 어떻게 하겠는가. 그것도 중공업 제품을 가지고. 하지만 난 가능하다고 보았다. 우리 시스템 기술에 의한 세계특허를 출원한 제품이 있었기 때문이다.

❧ 대만 경영연수단의 기관해모企管楷模 _

당시 정부의 자동차 산업합리화 조치 하에서 특장차를 광림의 주요 사업으로 추진하기 위해서는 당연히 처음부터 해외시장을 겨냥해야만 했다. 그래서 무역부장에게 지시했다.

"세계 어디 소방차 국제입찰하는 나라 없나 찾아보시오."

1986년 어느 날 무역부장이 대만 정부에서 물탱크 소방차 2대 국제입찰이 나와 있다고 했다.

"그래, 그럼 우리 광림이 국제입찰 준비하시오."

"우리가 소방차를 한 대도 만들어 보지도 않았는데 뭘 어떻게 판다고 하십니까? 그것도 국제입찰에!"

그래서 내가 조용히 일렀다.

"작년 1985년 광림 다목적 소방차를 개발해서 시제품이 나왔잖소. 이를 국내뿐만 아니라 국제특허도 5개국에 출원하였잖소. 게다가 소방학교에서 그해 1985년 소방의 날 행사에서 훈련시범 보인 거 비디오로 찍었어요. 비디오가 소방팀에 있으니 그걸 챙겨 준비해요. 그리고 작년에 대만에서 해외 경영연수단이 우리 광림을 다녀갔지 않소. 그때 받은 그 대리석 기념패를 사진으로 찍어요. 그리고 연수단의 해외 연수 스케줄 팸플릿pamphlet 인쇄물을 같이 얹어요. 대만 정부에 말하기 좋잖소."

대만 최고 경영자 연수단이 한국에서 유일하게 연수 방문한 회사가 광림이다. 대부분의 일정은 일본 경영연수였지만……

"그걸 대만 조달청 입찰 서류에 붙이시오."

무역부장이 웃었다.

"아니 우스워요? 이게?"

내가 무역부장에게 언성을 높였지만 사실 우습지 않았겠는가. 하지만 대만 최고 경영자들의 해외 경영연수단의 광림 방문 사실은 대만 정부에 상당히 설득력이 있었을 것이다.

우리 광림이 1985년 잠깐 동안 매스컴을 탄 적이 있었다. 1985년 5월 경향신문 사회면 톱으로 '이런 회사도 있다'라는 제목과 '함께 살자'는 부제로 난 보도가 상당한 반향을 불러 일으켰다. 그런 다음 몇 년 지난 1989년에 경향신문 그 취재팀이 광림 '신화창조'라고 크게 보도했다. 여하튼 1985년 경향신문에 보도된 후 여기저기서 취재요청이 쇄도했다.

그 신문기사를 주한 대만대사관에서도 관심 있게 봤던 것 같다. 대만의 기업인과 경영자들이 일본에서 경영자 해외연수를 하는데 한국에도 하루 들러 가게 되었다. 그래서 한국의 대표업체 한 곳을 선정해 달라고 대사관에 요청한 것 같다.

주한 대만대사관에서 연락이 왔다.

"대만 최고 경영자들이 해외연수차 한국에 들러 가고 싶어 하는데 한국 업체 방문으로 광림을 선정했으니 받아주시오."

그때 광림은 반월공장 시절이었다. 거기에서 스웨덴 히아

브와 국산화 합의한 것을 가지고 막 시작할 무렵이었다. 처음에는 엄밀히 말하면 크레인 부품을 수입하여 조립한 것을 자동차 트럭에 장착하는 일이었다.

광림 반월공장 1천 평에 우리 직원은 다 해 보았자 오륙십 명 정도로 초라하기 이를 데 없는데, 이런 곳에 대만 최고 경영자 20여 명이 방문한다면 어디 앉을 데도 마땅치가 않다. 그분들을 받아들일 어떤 준비도 할 수 없었다. 그래서 못 하겠다고 정중히 거절했다. 그랬더니 대만대사관에서 강경하게 나왔다.

"지금 다른 업체를 선정할 겨를도 없고 바꿀 생각도 없습니다. 오로지 광림뿐입니다."

어쩌겠는가. 방법을 찾아야지. 대만 해외연수단이 왔을 때 공장을 둘러본 다음 그분들을 반월공단 회의실로 모시고 가서 말했다.

"여러분 미안합니다. 먼 길 오신 손님들에게 겨우 1천 평짜리 공장 하나, 그것도 변변치 못한 걸 보여드리게 되었을 뿐 아

● 광림 반월공장 전경 (광림 팸플릿)

니라 앉아 이야기 나눌 자리가 없어서 공단 회의실로 모시게
되어 대단히 죄송합니다. 내가 여러분을 초청한 것은 아니지
만, 여러분이 궁금한 것이 있으면 질문해 주십시오. 질문에
성의껏 말씀드리겠습니다.”

그렇게 질문을 하고 답을 하면서 2시간 가까이 이야기를 한
것을 보면 그런대로 진지했던 것 같다. 그 사람들이 공식 스케
줄로 방문하러 왔기 때문에 선물을 준비해 가지고 왔다. 그 선
물 중에 까만 대리석에 새긴 방문감사 기념패가 있었는데, 기

관해모企管楷模라고 씌어 있었다. '기업경영의 모델'이란 뜻이
다. 대만 최고경영자 해외연수단 이름으로 '광림기계에 증정
함'이라 새겨져 있었다.

세 번째 준비물로 우리 정부의 과학기술 철탑산업훈장 받
은 걸 챙기게 했다.

"우리 정부에서 과학기술의 날에 훈장을 주었잖아요. 그것
도 사진 찍어요."

1986년 한국 과학의 날에 정부의 철탑산업훈장을 받았다.
그 훈장 받았을 때 우리 50여 명이 훈장 뒷면에 전부 사인을
했다. 광림 직원만 아니라 바깥 외부에도 몇 분에게 사인하라
고 들고 나갔다.

"나 훈장 받았어. 이 훈장 내 이름만 빌린 것일 뿐 우리 모두의
합작품이야. 여기 사인 해."

「기술개발유공 서훈자」(동아일보, 1986년 9월 5일)

"야, 니 이거 뭐하는 짓이야. 훈장증에 완전히 사인으로 도배를 했네."

훈장증을 내밀었더니 깜짝 놀라면서 서로 사인을 안 한다고 했다. 훈장을 정부는 주겠다는 거고 받는 사람이 받겠다고 해야 최종효력이 발생하는 것 아닌가? 결국 사인을 받았다. 나는 브리핑 방법까지 자세히 알려 주었다.

"세 가지를 준비해 가시오. 정부의 과학기술 훈장증 사본, 대만 경영자 연수단 방문 기념패와 팸플릿, 그리고 소방차 한 대 시제품 만들어 소방학교에서 작동 시범훈련 내용을 담은 비디오, 입찰서류 외에 이 세 가지를 준비해서 무역부장과 기술부장이 대만 조달청을 찾아가시오. 준비한 모든 서류를 처음에는 내놓지 말고, 먼저 이실직고부터 하시오."

이실직고할 내용은 이렇다. '우리 광림은 6년 전에 설립한 회사이고, 인원은 60명이며 공장과 매출액이 이렇고 소방차 특장차를 만들어 본 적이 없다. 아니 만들어서 팔아본 적이 하나도 없다. 전무하다. 그 이유는 한국 정부의 자동차 산업합리화조치가 있어서 동아자동차 외에는 특장차를 만들어 국내에서 팔 수 없게 되어 있기 때문이다.

하지만 광림이 하려는 사업이 특장차 제조이기 때문에, 특장차를 반드시 생산할 텐데, 먼저 제1호로 우리 연구소의 기술로 개발한 다목적 소방차의 프로토타입prototype 시제품이 있다. 우리 이거 국제특허 출원했다. 왜냐하면 세계에 없는 것이기 때문이다. 아직까지 한 대도 판매한 실적이 없지만, 특장차를 우리가 반드시 할 거다.

다만 한국법이 가로막아서 현재는 특장차를 만들어도 국내에서는 팔 수 없으니까 해외시장 개척이 1차라고 생각했다. 더구나 우리 한국 정부의 자동차 산업합리화 조치도 수년 내로는 풀지 않을 수 없을 것으로 생각한다. 그러던 중 귀국의 물탱크 소방차 2대 국제입찰 공고를 보았다. 그래서 입찰 준비를 갖춰 왔다. 물탱크 소방차는 비교적 단순한 소방차이므로 광림 다목적 소방차를 개발할 수 있는 기술이면 가능하지 않겠나, 입찰자격 심사를 해 주었으면 좋겠다.'

"그리고 자격 심사 참조 자료로 준비해간 3가지를 설명하시오. 대만 조달청에서 제출하라는 결정이 나기 전에는 결코

입찰서류를 내놓지 마시오."

우리 무역부장이 대만 조달청에 이실직고부터 하고는 세
가지 자격심사 참고자료를 내놓았다. 대만 조달청 공무원이
이야기를 들어보니까 자기의 판단으로 된다 안 된다 판단할
수 없는 사안이었다.

"돌아가서 기다리세요."

대만 정부 조달청 내부에서 논의하겠다는 뜻이었다. 한국
에서 참 맹랑한 소리를 하면서 소방차 국제입찰 자격 심사를
해 달라고 한다. 광림이라고 소방차 특장차 업계에선 들어보
지 못했다. 게다가 이야기를 들어보니 만들지도 않았고 팔지
도 못했다고 한다. 그런데도 국제입찰에 심사해 달라고 왔단
말이다. 그러니 이걸 심사할 건지 말 건지 논의하다가 청장에
게까지 올라갔다.

다음 날 광림 무역부장과 기술부장이 대만 조달청의 담당
자 안내로 청장 앞에서 세 가지 참고자료를 내놓았다. 그러자
며칠 안에 청장의 결론이 나왔다.

"입찰서류의 낙찰까지 소정의 전문 심사 과정이 있지 않소. 그러니 한국의 광림이 입찰 자격이 있는지 없는지를 심사해 보시오. 입찰서류 제출자격마저 없다고 자르는 것은 맞지 않는 것 같다는 게 내 판단이오."

조달청장이나 담당 공무원이 우리가 가져간 세 가지 자료를 눈여겨본 것이다. 그중 소방차 한 대를 만들었다는 사실도 있다. 그것도 기존의 일반적인 소방차가 아니다. 중소도시 형이거나 아시아 형이건 간에 광림 다목적 소방차는 입찰 나온 다른 물탱크 소방차보다 누가 보아도 기술적으로 한 단계 위에 있다는 걸 쉽게 알 수 있었다.

아무튼 대만 정부 국제입찰에 참가자격을 주겠다는 것이었다. 처음에는 소방차 2대 입찰이었다. 그다음 소방차 5대가 입찰로 나와서 합쳐 소방차 7대를 86년 광림이 낙찰받았다. 이렇게 해서 1987년 광림의 제1호 소방차 대만 정부수출로 시작되었고 연달아 필리핀으로 이어졌다.

❦ 중화인민공화국 정부의 공식 초청 기업인 1호 _

광림의 중국 진출은 1987년 2월 노동인민문화궁에서 열린

제1회 베이징 세계소방박람회에 참석하면서 시작됐다.

1980년대에 중국이 세계에 조심스럽게 문호를 열면서 초기에는 베이징北京에서 직접 업무를 하지 않고 홍콩香港과 일본 도쿄東京에 정부 각 부처의 분사무소를 내어 수행하고 있었다. 홍콩사무소는 중심지 쌍둥이 빌딩에 있었다.

1986년 여름 그곳 기계부 산하 기관에서 이듬해에 개최될 제1회 베이징 세계소방박람회에 참가해 달라는 초청장이 우편으로 왔다. 당시만 해도 우리와 중국이 서로 적성국 관계에 있었으니까 생각해 볼 겨를도 없이 초청장을 쓰레기통에 넣어 버렸다. 그러나 계속 신경이 쓰였다.

우리 반공법에 불고지죄가 있다. 그래서 쓰레기통에서 다시 도로 찾아내어 남산 안기부에 신고를 했다. 뜻밖에도 참가하겠다고 답하라는 거였다. 그래서 참가하겠다고 회신을 보냈더니 다시 홍콩에서 자세한 답신이 왔다. 캄보디아 여권을 발급해 줄 터이니 그걸로 입국해야 한다고 했다.

"아니, 내가 제1회 베이징 국제소방박람회에 출품 하나 하고 물건 몇 대 팔러 가는 게 아닙니다. 어떻게 됐건 서로가 적성국이 아닙니까?"

당시 중국의 3대 적성국은 이스라엘, 남아프리카 공화국, 한국이었다.

"아무리 현실이 적국 관계이지만, 우리가 역사적으로나 뭐로 보나 영원히 적국으로 남아 있을 관계가 아니지요. 언젠가 문호가 열립니다. 그러려면 결국 일차 상호 소통은 경제가 만들어요. 그래서 그 역할의 의미로 알고 가겠다는 것인데 내게 캄보디아 여권을 주면 내가 그것 가지고 뭐라 할 거요? 물건 한두 대 팔겠다고 상담하러 가는 것이 아니에요."

그랬더니 홍콩에서 다시 중국 정부의 회신이 왔다. '정식으로 대한민국의 광림에 초청장을 발부하겠습니다.' 약 1개월 반이나 걸렸다.

우리도 국가보안법, 반공법이 있다. 남산 안전기획부에서 들어오라고 그러기에 갔다.

"당신이 양국 정부가 공식으로 초청하고 허가한 중국에 들어가는 한국 기업인 제1호입니다."

양쪽에서 비공식으로 체육인이나, 학술관계 교류 관련하여 드나들고 있다는 것은 알고 있다고 했다. 그러나 중국 정부가 초청하고 우리 정부가 승인한 기업인은 내가 첫 번째라고 했다. 남산 안기부의 무슨 실장이라고 했는데 자기 방에 둘이 앉아 이런저런 얘기를 했다.

1987년 2월 홍콩에서 입국비자를 받고 광저우廣州까지는 기차를 타고 들어가서 광저우에서 이튿날 베이징 가는 비행기를 타는데, 예정시간보다 5시간 늦게 뜨는 비행기를 광저우공항에서 기다리다가 탔다. 베이징공항에서 중국여행공사의 담당 직원이 가지고 온 차를 타고 베이징 시내로 들어가는데 시내로 들어가는 길이 편도 일차선이어서 말이 끄는 수레 꽁무니를 따라 추월할 수 있는 도로가 나올 때까지 몇 킬로를 보행속도로 마차 뒤를 따라 들어갔던 일이 잊히지 않는다. 지금은 천지개벽했지만.

베이징공항을 나올 때 보통 전광판이 있는 자리에 전광판은 없고 마오쩌둥毛澤東 주석의 어록이 전광판 2배 정도의 크기로 벽면을 덮고 있었는데, 후에 다시 중국에 들어갔을 때는 마오 주석 어록은 없어지고 출국 전광판이 설치되어 있었다.

북경반점이라는 호텔에 체크인을 하고 입실하여 목욕탕

수돗물 탭을 열었더니 시뻘건 물이 쏟아져 깜짝 놀랐다. 바닥의 카펫을 보니 때가 새까맣게 묻어 있었다.

북경반점 뒤로 자금성하고 천안문 사이에 있는 건물이 노동인민문화궁이다. 소방박람회는 그곳에서 열렸다.

참가 기간 중 매일 새벽마다 베이징 시내를 온통 걸어서 샅샅이 훑고 다녔다. 오늘은 이쪽 내일은 저쪽, 매일 아침 소방박람회 오픈 시간 전에 새벽부터 돌아다녔다.

초등학교 앞에 가면 아침에 사람들이 장사진을 이룬다. 부모가 아이들을 자전거에 태워서 학교 앞에서 내려주기 때문이다. 내려줄 적에 보온병 하나씩 들려 보낸다. 그때 내가 아침 풍경을 보고 느낀 점이 있었다.

'아, 중국의 공산주의는 내가 아는 공산주의로는 되지 않겠구나.' 중국식 공산주의를 가족관계에서 발견했다. 그래서 내가 앞으로 중국은 반드시 한국뿐 아니라 세계 자본주의 시장에 문호를 연다고 직감적으로 확신했다

베이징소방박람회가 끝나고 중국 자동차 총수출입공사의 안내로 창춘長春의 중국제일자동차China FAW를 방문하기 위하여 비행기를 타고 자세히 보니 의자 옆 벽면을 이어붙인 나사못이 두세 개는 빠져있고 나머지도 몇 개가 헐겁게 나와 있

어 내가 비행탑승보험을 들었는지 잠깐 생각했다.

❦ 중국 시장 진출이라는 도전 _

중국 시장 진출에 대해 이야기하려면 중국 중앙정부 관리
가 한 말을 잊을 수 없다. 중국 정부의 기계부 부부장은 당시
중국자동차총공사의 사장을 겸임하고 있었다. 그 사람이 이
화원에 초대한 단 둘의 식사 자리에서 말했다.

"중국이 그냥 자본주의를 배우려는 게 아닙니다. 중국에 맞
는 자본주의를 어떻게 배울 것인지 그것이 가장 중요한 과제
이지요. 그런데 단적으로 얘기하면 광림을 만들고, 새로운
사회, 새로운 지구 공동체, 새로운 자본주의 대안을 만들려
는 당신 같은 사람이 필요해요. 우리가 자본주의를 배우는
데 당신 같은 사람이 절실히 필요합니다."

중국제일자동차는 창춘에 있고 제이자동차는 우한武漢에
있다. 중국의 화물자동차는 이 제일자동차와 제이자동차가
기간인데, 연간 각각 백만 대씩의 기본 섀시를 생산해 나머지
90개가 넘는 전국의 자동차공장에 공급하여 트럭을 만들거

나 버스를 만드는 체제였다. 물론 양사는 상용차뿐 아니라 승용차도 생산하고 있다.

창춘에 있는 중국제일자동차를 방문하여 공장장과 부공장장 5사람, 60여명의 간부가 참석한 회의를 마치고 만찬을 했다. 하루 종일 미팅을 해 보니 이 사람들과 사업 이야기를 한다는 것이 뜬구름 잡는 얘기 같아서 사업적인 구상을 포기한 상태가 되었다. 전혀 딴 세상에서 온 외계인과 대화하는 것 같았다.

이튿날 오전에 베이징행 비행기 탑승 시간 전에 서너 시간이 비길래 푸이溥儀 박물관을 안내하라고 했다. 마지막 황제 푸이 박물관에서 한중 양국 간의 역사적 관계를 보며 단순히 포기할 일이 아니지 않은가 자문하면서 비행기를 타고 베이징에 돌아왔다.

호텔에 돌아오자 중국자동차수출입총공사 사장이 저녁을 같이하자고 와서 밤 12시까지 같이 이야기를 했다. 그랬는데 거기에서 어느 정도 느낀 직감이 있었다. '아 이게 가능성이 있다. 영 없는 거는 아니다.' 그래서 내가 나섰다.

"일차는 제일자동차와 제이자동차를 독가대리獨家代理로 묶어서 광림하고 계약을 합시다. 거기에는 자동차총공사가 반드시 같이 참석해야 됩니다. 양쪽을 조율해 주기 위해 정부가 들어와야 해요."

총공사 사장에게 말했더니 동의하겠다고 했다. 중국제일자동차와 제이자동차 그리고 중국자동차총공사를 묶어 광림과 독가대리 계약을 1987년 체결하고 중국 사업을 적극적으로 추진하였다.

그리고 그다음 1993년에는 베이징시와의 합작까지 진척시켜 화린華林특장차 유한공사가 만들어졌다. 중화의 화華와 광림의 림林을 합친 이름이다. 합작 파트너는 베이징시 환경위생국과 중국자동차수출입총공사이다.

1987년 2월부터 시작해서 1993년 베이징의 한중합작 법인설립까지 중국을 25번 정도 다녀온 것 같다. 그 도중에 나중에 언급할 대만의 청소차(압축진개차) 330대 수출이 있었다. 대만에 수출할 때 중국의 자동차 섀시를 썼는데 그게 창춘의 중국제일자동차의 해방섀시였다. 독가대리 계약을 하고 우리의 기술 지도로 배어 섀시bare chassis를 만들어, 한국으로

❚ 「광림기계 북경에 특장차 공장」(매일경제, 1993년 2월 27일)

들여와서 광림이 그 배어 섀시로 청소차를 만들어 대만 정부
에 수출한 것이다.

❦ 베이징 화린특장차 유한공사 _

한중 수교 이듬해인 1993년 제1회 중국경제협력사절단이
한국에 들어왔다. 사절단장이 베이징시의 유명한 장바이파張
百發 부시장이었다. 이미 중국에서는 결론을 다 내 가지고 왔다.

그냥 내가 롯데호텔에서 양해각서MOU에 사인만 했다. 베
이징시 환경위생국하고 합작하는 계약이었다. 중국이 광림
과 전격 합작한 배경에는 그 사람들에게 그만큼 절박한 사정
이 있었다. 2008년 베이징올림픽은 세 번째 도전에야 성공한
것으로 그때 이미 올림픽을 계획하고 준비하기 시작했다.

그런데 올림픽을 준비하려다 보니 제일 걸리는 게 열악한
중국 환경 상태였다. 당시 베이징 청소 상태는 내가 보더라도
말도 안 되는 상태였고 중국은 올림픽을 유치하려고 열성을
쏟고 있었다. 베이징은 광림의 청소 시스템이 필요했다.

광림과 손잡아서 청소차를 만들어 베이징시내의 청소 시
스템을 기계화하겠다는 결론을 내리고 온 것이었다. 1993년
롯데호텔에서 합작회사 MOU를 체결하고, 광림의 김 부사장

을 베이징 화린특장차 유한공사 총경리 사장으로 해 광림직원으로 팀을 짜서 베이징에 파견근무하게 되었다

중국의 사회 조직은 우리하고 다르다. 중국 제일자동차의 창춘공장 조직 내 인원이 30만 명이었는데 공장장 산하에 대학교 4개, 병원, 경찰서, 소방서, 심지어 형무소까지 하나의 사회를 이루고 있는 특별도시 그 자체였다. 1953년 한국전쟁의 휴전이 이루어지자 소련에서 중국의 중공군 참전에 대한 보상으로 중국에 자동차공장을 1953년 창춘에 착공해서 1956년에 완공해 넘겨준 것이다.

베이징시의 환경위생국은 환경 분야만 하는 게 아니다. 그들이 병원도 하고 호텔도 하고 기계공장도 하고 별별 사업을 다 한다. 성공사례를 처음 만드는 게 어렵지만 화린특장차를 가지고 청소차를 더 늘릴 수도 있고, 소방차를 더 늘릴 수도 있다. 그래서 중국을 좋은 시장으로 봤던 것이다. 베이징을 시발로 해서 중국 전역을 광림특장차의 시장으로 보았다.

늘 해외 시장에서 염두에 둔 전제는 그 나라의 상황에 따라 현지화해야 한다는 것이다. 그 지역 그 나라의 문화와 현실 상황에 맞도록 해 나가겠다는 것이다. 아무튼 자동차 특장차 생산 공장을 한국 기업이 중국과 합작한 사례 제1호이다.

1993년 롯데호텔에서 합작회사 MOU를 체결한 뒤, 중국 베이징에서 본 계약을 체결했다. 그렇게 빨리 진행될 줄은 몰랐다. 1년 만에 계약을 하고 공장을 세팅하고 바로 가동에 들어갔다. 중국을 만만디라고 했던 고정관념을 깨게 만들었다. 중국 만만디가 한국의 빨리빨리보다 훨씬 더 빨라졌다.

❝ 끝에서 시작 _

1986년과 1987년에 대만 정부에 물탱크 소방차 7대를 수출했는데 자꾸 고장 나는 말썽이 생겼다. 결국 대만 정부에서 광림을 더 이상 들어오지 말라고 하고 우리 안에서도 포기하자고 했다. 7대를 수출해 놓고 A/S에 돈이 얼마나 들어갔겠는가. 담당 중역이 이렇게 말할 정도였다.

"이제 워런티warranty, 보증계약 기간도 끝났으니 포기합시다. 처음부터 하지 말았어야 할 수출이었습니다."

"천만에, 아니 한 대도 팔지도 않고 만들어 본 적도 없다는 광림 회사 제품을 대만 정부가 사 줬어요. 대만 정부가 광림에게 믿음을 주었지요. 광림의 세 가지 자료를 가지고 대만

● 광림의 A/S팀 (광림 사보 1992년 9·10월호)

정부가 믿음으로 광림 소방차를 사 줬어요. 대만 정부가 한
국의 광림이라는 회사를 믿어주었는데, 뭐 워런티 1년 계약
이 끝났으니 두 손을 들고 철수한다고요? 그건 안 돼요."

'광림은 끝에서 시작한다.' 그것이 광림의 A/S 방침이었다.
무한책임을 지겠다고 선언했다. 신문에 사원모집 공고를 해
중국어 하는 기사를 채용해서 대만에 아예 상주시켰다. 그런
데 2년 후에 가오슝高雄 대화재가 일어났다.

❝ 가오슝 대화재 _

1989년 연말에 대만 제2의 도시 가오슝에서 대화재가 났
다. 3일 동안 밤낮으로 탔다. 대만 전국의 소방차가 가오슝에
모였다. 도시의 화재가 3일이나 이어진 경우는 드물어 세계

토픽 뉴스였다. 당시 대만은 중공업이 약해서 자동차 메이커도 특장차 메이커도 없었다. 때문에 세계 유명 메이커들의 소방차들이 대만에 다 들어와 있었다.

그런데 3일째가 되니 전 세계의 유명 소방차들이 물 뿜는 작동을 멈추었다. 대화재 3일 동안 소방펌프를 돌리니까 제아무리 독일, 일본, 미국의 세계적인 메이커라고 해도 견뎌낼 수 없었던 것이다. 소방차 펌프는 3일 동안이나 계속 돌리면 이상이 생겨 기계가 서게 마련이다. 더 이상 기계를 작동시킬 수가 없다. 그것이 선진국 소방차의 최적설계이다. 기계에는 최적설계라는 게 있다. 설계상의 퍼티그fatigue, 피로도, 작동 수명이라는 거다. 품질관리에 중요한 부분이다.

그런데 그 와중에 끝까지 물을 뿜고 있는 소방차가 있었으니 그것이 바로 7대의 광림 소방차였다. 솔직하게 말하면 3일 동안 계속해서 광림 소방펌프가 작동을 한 것은 최적설계 미숙이었다. 일단은 무식한 설계다.

그렇지만 그 모든 일이 우리 광림과 대만 정부에게는 좋은 일로 작용할 수 있었으니 얼마나 감사할 일인가. 결국, 대만 가오슝의 대화재로 소방장비가 절실히 필요할 때, 광림 소방차가 효자 노릇을 톡톡히 한 셈이다.

그렇게 큰 사건이 있고 나면, 정부 자체 내에서 리뷰review를 한다. 문제가 뭐냐. 제도, 장비, 시스템이 어떻게 됐나? 거기 평가 회의에서 나온 것 중 하나가 광림 소방차에 대한 재평가이다. 자기들은 그동안 잦은 고장 때문에 쳐다보려고 하지 않았던 광림 소방차였다. 사실 그동안 광림 소방특장 기술하고는 관계없이 트럭에서 말썽을 부렸던 것이다.

당시 한국의 자동차 트럭 섀시를 썼는데 국내 트럭은 생산해도 수출한 적이 없었다. 그 섀시는 한국에서는 문제가 없었다. 하지만 대만 가오슝은 아열대 기후 지역이다. 열대 온도를 전제하지 않은 섀시였기 때문에 그리 큰 고장이 아니고 아주 작은 데서 고장이 터졌다.

예를 들자면 그 더위에서는 패드pad가 파손되기 쉽다. 계속되는 트러블 때문에 아예 A/S기사를 대만에 상주시키고 있었다. 그러던 와중에 가오슝 대화재가 발생했고 광림 소방차 7대는 끝까지 물을 뿜어댄 것이다.

그제야 대만 정부가 광림 소방기술을 인정하게 되었다. 그 이듬해 초 대만 정부의 공식적인 리뷰 결과가 나왔다. 바로 그때가 대만 정부의 청소차 330대 국제입찰 시기와 맞물렸다.

🐚 대만 정부의 청소차 국제입찰 _

1990년 어느 날 광림 무역부장이 툭 한마디를 던졌다.

"대만에서 청소차 국제입찰이 나왔는데요."

"어, 뭐, 당신 지금 뭐라 그랬소?"

무역부장이 마치 하고 싶지 않은 얘기를 하듯이, 지나가는 말처럼 툭 던졌다,

"대만에서 그런 말이 나왔어요. 1990년 대만 정부에서 압축 진개청소차 330대를 수입해서 대만의 전국 행정 단위마다 청소시스템을 기계화한다는 계획이에요."

나는 이거 보통 정보가 아니라고 판단했다. 즉시 긴급 TF팀을 만들고, 연구소에서는 대만 정부 입찰 사양에 맞춘 압축진 개청소차 개발에 들어갔다. 세계 일류회사의 부품과 소재를

▍「이 시대 이 사람, 광림기계 회장 윤창의」(월간조선, 1990년 9월)

소싱sourcing 하여, 가장 경쟁력 있는 압축진개청소차를 개발하는 일이다.

이에 앞서 광림은 1987년 중국 자동차총공사와 중국제일자동차, 중국제이자동차와 독가대리 계약을 체결하고 있었다. 중국 섀시를 광림연구소에서 심도있게 분석, 검토하며 시험을 하고 있던 중, 광림연구소에서 중국제일자동차의 해방섀시를 사용해 개발한 청소차가 8㎥ 압축진개청소차이다. 광림 압축진개청소차는 5개국 합작품, 아니 납품받는 국가인 대만까지 6개국 합작품이다.

압축진개차에서 제일 중요한 것은 차량 맨 뒤에 유압으로 쓰레기를 압축해 밀어 넣는 걸 테일게이트tailgate이다. 테일게이트의 세계 절대적인 제1위는 미국의 하일HEIL사이다. 광림에 미국인 부사장 두 사람이 있었다.

"미국 하일을 접촉해서 테일게이트에 대한 업무 제휴를 하시오. 처음에는 수입으로 들어올 거고 단계적으로 국산화하는 업무제휴를 빨리 진행합시다."

그다음에 청소차의 유압 펌프 실린더인데 유압 기기는 스웨덴과 핀란드의 협력회사가 있었다. 그걸 들여왔다. 그다음 철판은 한국 포스코POSCO의 철판을 쓰려고 검토했다. 그런데 차량 총중량 때문에 박판의 사양이 슬림하고 강도가 나와야 되는데 그 사양이 안 되었다. 그래서 니폰 스틸NIPPON STEEL, 일본 제철의 박판을 들여왔다.

그렇게 배어 섀시는 중국 것, 테일 게이트는 미국 것, 유압 파트는 핀란드 것, 철판은 일본 것으로 그걸 모두 모아서 종합 시스템을 만드는 것은 광림 기술이었다. 광림의 시스템설계에 의한 5개국 합작품으로 훌륭한 청소차가 나왔다. 국내에서 한 대도 생산 판매한 실적이 없지만 말이다.

청소차 330대 입찰에 들어갈 때 대만 정부는 가오슝 대화재 때문에라도 광림의 압축진개청소차 입찰서류를 거절할 수 없었다. 그런데 막상 입찰금액 최저가가 광림이다 보니 대만 정부로서도 낙찰자 결정이 어려웠다.

왜냐하면 입찰을 진행하며 일본을 위시한 세계 유수한 특장차 메이커들이 세계시장은 고사하고 한국 국내에서도 한 대도 생산 판매한 실적이 없는 광림을 어떻게 참여시킬 수 있냐고 강력하게 항의를 한 것이다. 게다가 일본 메이커 두 업체 모리타Morita와 닛산Nissan은 대만 정부에 정식 항의가 받아

들여지지 않자 국제입찰 자체를 보이콧해 버렸다.

그래서 미국과 유럽의 특장차 메이커 8개 업체가 참여하였는데 막상 최저가로 들어온 광림에 낙찰을 공고하기가 쉽지 않았을 것이다. 그 사실은 대만 정부가 낙찰예정 공고일을 두 차례 연기한 후에 낙찰공고를 한 것으로 미루어 보아도 짐작할 수 있다.

❝ 최종 낙찰자는 광림 _

결국 낙찰공고는 광림에게 떨어졌다. 가오슝 대화재로 대만 정부에서 광림에 대한 공식적인 재평가가 있었고, 아주 절묘한 타이밍에 소방차와 청소차가 연결되었다. 압축진개청소차의 제일 중요한 부분인 테일게이트를 세계 1위인 미국 하일사와 제휴한 사실도 심사에 도움이 되었다고 판단했다.

그러나 궁극적인 경쟁력은 광림의 자체 시스템기술 개발과 지구의 5개국을 아웃소싱outsourcing하여 최고의 경쟁력을 만든 데 있었다. 베어 섀시는 현대차 섀시도 검토했는데 가격 경쟁력이 없었다. 다음에는 미국 GM 섀시를 들여오려고 검토했다. 미국 섀시를 알아보는 동시에 중국 섀시도 기술 검토를 했다.

양쪽을 검토하면서 미국 섀시의 네고negotiation는 잭Jack BarnetJack과 딕Dick Shafroth에게 검토시켰고 중국 섀시는 광림 기술부에게 맡겼다. 중국 섀시가 상당히 문제가 있기만 들여와서 완전히 새로 바꾸는 추가 코스트까지 다 합쳐도 미국 GM 섀시보다 중국 해방 섀시 값이 약 8천 달러 차이가 났다.

대만 정부의 최종 낙찰에서 광림과 2위인 피바디Peabody하고 입찰금액 차이가 한 대당 약 6천 달러 정도 되었다. 만약에 미국 GM 섀시를 썼다면 우리가 입찰자격을 얻었어도 가격에서 떨어졌다. 그만큼 국제입찰이라는 게 치열하다.

광림의 기술진을 창춘의 중국제일자동차에 파견 상주시키며 현지 기술교육을 통해 중국에서 바꿀 것은 다 바꾸었다. 그리고 돌아와서도 한국에서 추가보완 작업을 해서 중국 베어 섀시를 광림에서 완전히 새로 바꿔 사용한다는 전제하에 중국제일자동차 해방 섀시를 최종 선택했다.

청소차 한 대당 5만 달러니까 330대면 약 1650만 달러였다. 처음 대만에 수출한 물탱크 소방차는 7대 합친 가격이 30~40만 달러였다. 그런데 압축진개청소차 330대 1650만 달러로 올라서게 되었다. 그뿐만 아니라 세계 특장차 업계는 광림을 주목하기 시작했다.

✎ 단교를 넘어서 _

그렇게 330대 중 1차분 188대를 1991년도에 성공적으로 인도하고 2차분 142대를 준비하고 있는 와중에, 1992년 한중 수교가 이루어지고 대만 정부와 일방적 단교하는 역사적 사건이 일어났다.

광림은 큰 곤욕을 치르게 되었다. 대만은 대한민국처럼 분단된 나라다. 대만은 대한민국 임시정부의 독립운동을 중국 대륙에서 지원하였으며, 대한민국 수립 2일 전에 세계 최초로 대한민국 정부를 한반도 유일의 합법 정부로 승인한 나라이다.

게다가 한국전쟁 때 한 끼 식사 줄이기 운동을 벌이며 한국에 식량을 지원하였으며, 혈맹의 관계를 돈독히 했던 나라이다. 대만에서 한국 유학생은 단교 전까지 4인 가족의 생활비 지원이라는 최고 조건의 국가 장학금 혜택을 누렸다.

그런데 가장 가까운 형제 나라에게 배신을 당한 것이다. 대만 정부의 감정뿐만 아니라 대만 국민들의 감정은 말이 아니었다. 우리 광림은 정말 난감했다. 양국 관계단절과 대만 반한 감정의 국민 정서 속에서 우리 광림의 2차분 142대의 수출재개를 진행하기 위하여 거듭 호소하고 설득했다.

"광림은 예외라고 할 수 있지 않습니까?

당신들 감정 백번 이해하고도 남습니다. 대만 정부는 광림이라는 대한민국의 중소기업에게, 한국 국내에서 특장차를 한 대도 생산 판매한 실적이 없는 데도 불구하고 입찰자격을 부여해 주었습니다.

그래서 광림은 수출 섀시의 잦은 트러블을 책임지기 위하여 대만 정부와의 계약서 상 제품 보증기한 1년을 아랑곳하지 않고 3년을 A/S조직을 대만에서 가동했습니다. 그만큼 서로 간의 신뢰와 신의로 이루어진 관계이지 않습니까? 그리고 언제까지 양국관계를 두고 배신한 형제라고 서로 등을 돌릴 수도 없을 것 아닙니까?"

대만 정부 국무원의 지한파 한 사람을 수소문하여 그 사람의 도움을 받아 2년이나 긴 세월이 걸려 결국 대만 정부의 예외 허가를 받아냈다.

1994년 두 번째 2차분 수출 물량 142대를 선적했는데, 대만 전국 행정단위에 광림의 압축진개청소차 배분하는 발대식에 초청받아 갔다. 대만 수상이 초청자였다.

발대식 장소는 장제스蔣介石기념박물관이었다. 대만의 상

징인 곳이다. 박물관 주변 담 안쪽 사방으로 큰 길이 있다. 그
담 안 큰길에다가 142대를 빙 돌아가며 쫙 도열시켜 놓았다.
전국 지역 국회의원과 지자체장들이 참석하였다.

나는 수상이 오는 줄 알았다. 그런데 리덩후이李登輝 총통이
친히 나왔다. 그때가 대만 총선이 임박한 시점이었다. 정부에
서 치적 PR로 광림 청소차를 전국 행정단위에 분배 배포하는
발대식 행사였다. 리덩후이 총통이 참석하는 발대식에서 귀
빈 단상에 앉아있으려니 만감이 오갔다.

❝ 기사사회의 무면허운전 _

대만에 청소차를 수출하기 위해 중국에서 트럭 베어 섀시
일차 188대를 들여올 때, 인천항 부두에서부터 청원공장까지
우리들이 직접 운전했다. 그 장면은 장관이었다. 그때 우리 전
사원이 380명 정도였다. 내가 전체 직원들에게 말했다.

"여러분, 우리 광림을 기사사회라고 하지 않았습니까? 우리

▌「광림, 쓰레기 압축차 대만 수출 재개」(중앙경제신문, 1993년 12월 25일)
　「광림기계 압축청소차 대만에 수출」(매일경제, 1994년 5월 10일)

광림 전 사원의 4분의 3이 기계기술 면허를 가지고 있습니다. 그러니 운전면허가 있건 없건 무조건 자동차에 타세요. 인천부두에서 청원공장까지 자동차 섀시를 끌고 들어오는데, 우리 광림의 전 사원이 직접 운전합니다."

1990년 12월 매우 추울 때였다. 인천항에서부터 청원공장까지 광림 직원 전원을 한 차에 두 사람씩 배송작전에 투입하였다. 인천항 부두에서 출발하여 1분 간격으로 경인고속도로를 주파하여 올림픽대로를 지나 경부고속도로 청원 인터체인지까지 완주해야 했다. 선두부터 최종까지 6시간이나 소요되는 대수송 작전이었다.

고속도로 경찰 순찰대에 미리 협조요청을 해 놓았다. 그때 고속도로 순찰대장이 고향 후배였다. 순찰대장 보고 말했다.

"당신, 나 좀 도와주시오. 지금 이 수송작전을 펼치는데, 낮에는 고속도로가 막혀서 도저히 안 될 거고 밤 12시부터 시작해서 새벽까지 끝낼 거요. 그러니 당신 순찰대에서 나와 가지고 선두에 서고 맨 뒤에 서서 도와주시오. 중간에 앰뷸런스 ambulance하고 래커wrecker를 내가 다 준비할 테니, 당신 순

● 인천 부두로 향하는 대만 수출 청소차 행렬 (광림 사보 1991년 5월호)

찰대는 맨 앞과 뒤에서 칸보이convoy하면 됩니다. 내 기사들 다 운전면허 없으니 그리 아세요."

순찰대장이 알아들었는지 수송 작전하는 날 밤에 직접 고속도로 수송행렬 선두에 나왔다. 나중에 그 후배가 고속도로 순찰대장을 하면서 그 날이 가장 신났다고 했다. 그때 서울 사무실이 양재동에 있을 때인데 그 날 밤에 광림 직원 가족들이 부인들이며 아이들까지 다 나왔다. 그 새벽 추운데 양재 IC 양쪽에 나와서 손을 흔들고 소리치며 난리 아닌 장관이었다. 그야말로 우리 광림다운 광림의 축제였다.

남에게 시키는 용역비야 써도 되고 안 써도 되지만 이렇게 좋은 감격적이고 감동적인 기회를 왜 남한테 주겠는가. 우리가 땀 흘린 보람을 느낄 기회이다. 광림의 신입사원 공모 모집 광고의 표제에 '땀을 보람으로 살아갈 사람을 찾습니다'라고 되어있다. 모두가 거기에 응모해서 들어온 사람들인 것이다.

그렇게 한 번 길을 터놓으니까 특장차 만들어서 나갈 때도 직원 스스로 했다.

🌼 필리핀 소방 5개년 계획 _

1986년에 광림은 소방차의 동남아 수출시장 개척을 위해 대만, 필리핀, 인도네시아, 태국 등의 각국 상황을 검토하기 시작했다. 코트라KOTRA를 통하여 동남아 각국의 시장조사서와 각 나라의 대리점 추천서를 받았다. 이를 근거로 무역부장의 현지 출장 답사를 거쳐 대리점 선정 작업에 착수하였다.

그중 무역부장 보고서와 필리핀 코트라 추천서에서 한 사람이 눈에 띄었다. 복수 추천에는 들어가지 않고 주석을 붙인 별도 개인이 있었는데 로하스V. G. ROJAS라는 개인 사업가였다. 정식 대리점 회사로선 규모나 인지도에 턱도 없이 부족한 개인 사업자이지만 한국에 친밀한 친한파 사람이고 필리핀의 애국자라는 주석이 붙어 있었다.

나는 조금도 주저하지 않고 이 사람으로 결정하기로 했다. 그래서 직접 확인하고자 12월 24일 필리핀으로 갔다. 이튿날 크리스마스에 자기 누이 집으로 초대를 받아갔는데 집이 장원이었다.

그런데 장원을 둘러보다가 깜짝 놀라 눈을 의심하며 그 자리에 서버렸다. 김대건 신부님의 동상이 서 있지 않겠는가. 뒤에 안 사실은 김대건 신부님이 필리핀에서 계시던 곳으로 한국 천주교의 필리핀 성지순례지라는 것이다.

그곳에서 한국전쟁 때 필리핀이 유엔군으로 참전했던 생각도 났다. 이곳에서 뭔가를 할 수 있는지 좀 더 관심을 갖고 적극적으로 생각해 봐야 되겠다는 강렬한 의지가 생겼다.

이듬해 1987년 코라손 아키노 대통령 마라카낭 궁에 광림의 이름으로 필리핀 소방 5개년 계획안을 정식문서로 제출했다. 그리고 만 2년 이상 필리핀 소방청장과 소방 관계 고위 인사들을 수차례 한국으로 초청했다.

필리핀 내에서도 전국의 소방서장과 간부들의 소방 5개년 계획과 관련하여 교육을 수차례 실시했다. 결국, 1990년 필리핀 정부의 소방 5개년계획이 수립되었다.

5개년 계획 중 하나는 소방기종의 표준화와 통일이었다.

기종의 표준화와 통일을 통하여 소방장비의 경제성과 운영 효율성을 기할 수 있다. 나아가 필리핀 내에서 국산화가 가능하다는 사실이다. 소방 5개년 계획이 수립되면 광림이 필리핀에 합작회사를 설립하여 소방장비의 국산화에 기여하겠다는 계획이었다.

광림은 필리핀 합작회사를 통하여 중국의 베어 섀시를 기본으로 특장차를 만들게 된다. 지프니Jeepney로 입증된 필리핀인들의 뛰어난 손재주를 활용하면 동남아 시장을 커버할 수 있는 좋은 사업이 될 것이라 생각했다.

필리핀 정부에서 제1차 소방 5개년 계획에 의한 소방차 160대의 국제입찰이 공고되었다. 소방장비의 표준기종 선정과도 밀접한 관계가 있을 뿐 아니라 국산화 전제가 있었기 때문에 광림의 입찰조건은 타에 비교할 수 없는 좋은 것이었다.

그런데도 불구하고 어처구니없이 일본으로 낙찰되어 버렸다. 나뿐만 아니라 그동안 관계된 필리핀인들도 모두 입을 열고 할 말을 잊고 말았다.

필리핀 내에서는 언론과 사법부에서 대법원까지 소송사건으로 번졌는데, 나는 더 이상 일체 관심을 갖지 않고 필리핀은 광림의 비즈니스 지도에서 지워버렸다. 그러나 필리핀 사람들의 순박하고 따뜻한 사람 내음은 지금도 잊을 수가 없다.

필리핀 정부의 일본 낙찰 발표 배경에는 일본 국제협력기구JOICA의 필리핀 소방학교 지원, 1600만 달러의 경제지원과 물밑작업이 물밑 작업이 있었다고 한다.

☙ 마지막 노크 일본 _

광림이라는 가족공동체를 펼치려고 했던 것은 한국만 보고 시작한 것이 아니고 지구 전체를 보고 있었다. 북유럽에서부터 시작해서 미국으로, 다시 아시아로, 아시아는 대만에서 시작해서 태국, 중국, 필리핀으로 진출하고 있었다.

중국에 들어갈 때만 해도 한국의 반공법이나 국가보안법 때문에 국가 차원에서 중국 방문 자체가 법에 어긋나는 시절이었다. 그렇지만 어떻게 됐건 내가 중국 정부의 공식 초청을 받고 들어가서 25번 이상 들락거리며 좋은 사업으로 좋은 합작을 진행해 왔다.

내가 광림 계획 20년 중 기계부문 경영에 관여한 것은 전반 10년이었다. 그 전반 10년의 마지막에 일본에 들어갔다. 맨 처음 일본의 아이치AICHI 사였다. 아이치는 전기 분야의 세계적인 기업이다. 회사이다. 그 당시 일본 내에서도 기업철학이

다른 회사였다. 내가 책임자를 만나 방문 목적을 말했다.

"일본에 들어온 것은 당신네하고 1차 사업 얘기를 하고 싶기 때문입니다. 나는 이 비즈니스를 이렇게 진행하고자 합니다. 난 거짓말을 하지 않습니다. 당신들을 속이고 일방적인 이익을 추구하지 않습니다. 서로 주고받을 것이 있을 텐데 그것을 찾아서 서로가 상생할 수 있는 좋은 길을 찾는 장사꾼(기업인)이 되어보자고 찾아왔어요."

아이치 창업자의 아들이 사장으로 있었다. 저쪽에서도 우리 광림을 조사했을 것이다. 일본의 닛케이 벤처에서 한국의 광림 이야기를 기사로 다뤘던 적도 있었다. 아이치와 이야기를 이렇게 시작했다.

"내가 금성사 과장 시절 유엔UN에서 장학금을 받아 호주로 공부하러 나갈 때, 내 생애에 처음 해외 비행기 티켓으로 일본의 땅을 딛지 않는 비행기 표를 보내달라고 유엔에 요청했

「創業11年で業界トップの座を獲得, 特装車製造光林」(일본 nikkei venture, 1990년 10월)

던 사람입니다. 그때 호주를 가려면 트랜짓transit, 경유를 해야 하는데, 일본에서 트랜짓하지 않으려고 했습니다.

왜냐하면, 나는 1945년 8월 15일 해방되고 9월에 초등학교에 입학한 순수 해방 세대에요. 그러니 선생님들이 어린애들을 붙잡고 얼마나 애국 교육을 했겠어요. 애국 교육이 딴 게 아니고 일본을 욕하는 이야기였겠지요. 그 교육을 받고 자란 세대이기 때문에 오죽하면 나이 서른이 넘어 가지고 공부를 하러 해외를 나가는데 생전 처음 타보는 비행기를 일본 땅을 밟지 않기 위하여 홍콩이나 마닐라에서 트랜짓하는 비행기 표를 보내달라고 유엔에 요청했을까 싶어요."

그게 우리 역사 희극의 한 단막극이다. 그러다가 나이가 들었고 내가 하는 일은 장사(사업)이니까, 장사라는 이 도구를 가지고 미수교국이었던 중국하고 그랬던 것처럼, 일본하고 한국이 좋은 이웃이 되겠는데, 어떻게 하면 조금이라도 역할을 할 수 있겠나. 그것이 내가 나이가 들어 생각이 성숙해진 결과로 보고 그때 그곳까지 가게 되었던 것이다.

아이치에 이어 똑같은 이야기를 도요타Toyota에서 했다. 토요타 경영진과 첫 미팅에서도 같은 얘기를 한 것이다. 자기들로서는 한편 쇼크이기도 하고, 한편으론 코웃음 칠 수도 있었을 터이다. 그러나 내 이야기를 그 사람들이 코웃음으로 받아들이지 않았기 때문에 아이치도 그렇고 도요타도 그렇고 우리 광림하고 협력하자고 했던 것이다.

몇 년 뒤 도요타와 서로 설계를 주고받고 시작하려는 시점에서 광림이 부도를 맞았다. 도요타와는 앰불런스ambulance 사업부터 시작을 하기로 했었다.

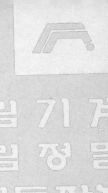

4부 반걸음 앞

🎺 스웨덴 히아브와 4단계 비즈니스 계획 _

1979년 6월 광림을 설립하고 1980년에 사업을 시작했다. 회사를 설립해 놓고 세계의 기계 메이커를 면밀하게 검토 후 카탈로그catalog를 통해 품목을 선정하고 사업 검토를 했다.

카탈로그 검토로 선정한 품목을 직접 현지에 가서 보려고 여름휴가를 내서 스웨덴의 히아브에 가게 되었다. 회사는 요떼보이Goteborg에 있었다. 스웨덴에서 두 곳, 핀란드에서 한 곳의 기계 작업현장을 영업사원의 안내를 받아 둘러보았다. 둘러보고 확신을 얻었다. '아, 내가 고른 게 옳구나.'

히아브 사무실에서 6대를 계약했다. 히아브의 제품 카테고리에 프로덕션과 비클이 있는데 프로덕션 타입 제품 브랜드가 욘스레더이다. 내가 욘스레더로 6대를 계약하니까 이 친구들이 깜짝 놀랐다.

히아브가 100% 투자한 일본의 히아브 재팬은 비클 크레인을 주로 팔고 있고 욘스레더 크레인은 2대밖에 팔지 못했다. 아시아에서 일본에 2대밖에 팔지 못한 것을 무려 6대를 계약했으니 히아브 관계자들의 눈이 휘둥그레진 것이다.

계약을 마치고 저녁 식사자리에서 히아브와 광림 간에 향후 10년 동안 4단계 비즈니스 발전 계획의 비전을 일방적으로 제시했다.

1단계는 광림이 산업용 중기 용역사업으로 한국의 원목시장이나 제철공장에서 산업용 중기의 데몬스트레이션을 통해 기존의 방식을 바꾸고 대체하는 중기 리싱사업이다. 2단계는 히아브가 현재 현대자동차와 대리점 계약을 종결하고 광림과 계약을 하는 전제하에 광림이 산업용과 차량용 히아브 크레인 장착공장을 설립하는 것이다. 3단계는 히아브의 기술라이선스 계약으로 한국 내에서 히아브의 비클 크레인을 국산화하는 것이다. 4단계는 한국 내에서 히아브와 광림 합작회사를 설립하는 것이다.

1단계는 히아브의 통상적인 판매니까 그렇다 치고 2단계는 자기들의 한국 대리점이 현대자동차인데, 이제 갓 신설했다는 개인 사업자에게 현대자동차를 계약 종료하고 넘긴다는 것이 말이 되느냐. 더욱이 3단계는 기술 라이선스를 제공한다는 것은 히아브의 정책에 아예 없는 이야기이고, 4단계 합작회사는 더욱 얼토당토않은 이야기이다. 히아브는 미국, 영국, 네덜란드, 스페인, 멕시코, 일본 등 세계에 100% 직접투자회사는 있지만, 외국 파트너와 합작회사는 없었다. 상상도 해보지 않은 사안을 한국에서 온 작은 친구가 당돌하게 던

지니 자기들로서는 황당하게만 듣고 넘겼다는 후일담이다.

비클 너클 크레인은 유럽의 각 나라마다 자국 메이커들이 있지만, 이 분야에서는 히아브가 독보적인 존재이다. 유럽 나토의 표준화 장비가 히아브의 것이다. 미국의 전 세계에 배치된 미사일 탑재차량의 미사일 핸들링 크레인도 히아브 제품이다.

히아브가 현대자동차와의 한국 판매대리권 계약을 종료하고 광림과 계약을 체결하기 위한 절차가 진행되고 있던 어느 날, 한국 주재 스웨덴 대사관 측에서 상무관이 대사관으로 좀 들어올 수 없겠느냐고 정중하게 요청이 왔다. 그래서 들어갔더니 상무관이

"내가 당신을 만나려는 것이 아니라, 지금 대사님이 당신을 기다리고 있습니다. 대사님께 안내하겠습니다."

스웨덴 대사를 만났더니 대사의 첫 마디를 꺼냈다.

"우리 정부로서는 현대와 히아브의 비즈니스 관계를 매우 자랑스럽게 생각하고 있습니다."

1980년 포춘의 세계 500대 기업에서 현대가 98위였으니까 그 파트너인 히아브는 스웨덴의 자랑거리였다.

"그런데 히아브가 현대의 파트너십을 터미네이트하고 당신과 한국대리점 계약을 하겠다는 연락이 본국 정부로부터 왔어요. 그런데 상무관이 당신에 대한 근거 자료가 없다고 합니다. 그래서 내가 당신을 직접 만나 당신의 이야기를 들어보고 싶어서 초청을 했어요. 무슨 이야기입니까?"

"이거 단순한 제품이 아닙니다. 이거 빵떡 만드는 제품이 아니에요. 아주 대단히 특별한 기술 제품입니다. 그러므로 일반 제품이 아니니까 거기에 맞는 사업 구상이 나와야 돼요. 그렇게 하려면 상호 간에 긴밀하고 장기적인 공동 협력사업으로 우리 광림과 히아브가 사업을 진행시켜 나가야 된다고 봅니다."

그리고 향후 10년에 진전시켜나갈 4단계 사업계획을 설명하고 이번 한국대리점 문제는 그 2단계에 들어가기 위한 것이라고 설명하였다.

이야기를 마치고 마지막에 스웨덴 대사가 말했다.

"자초지종을 설명해 주어서 감사합니다. 지금부터 나도 당신 편이 되겠소. 나의 도움이 필요할 때에는 언제든지 얘기해 주시오."

주한 스웨덴대사는 직업외교관 출신이 아니었다. 대사로 오기 전에 스웨덴 상공회의소 회장을 지냈고 스웨덴 철강협회의 회장도 했다. 비즈니스맨 출신이었다. 정부에서 사업가를 발탁해 대사로 보낸 것이다. 비즈니스 오리엔티드oriented 된 사람이기 때문에 내 이야기를 듣고 명쾌하게 결론을 내릴 수 있었을 것이다.

❦ 히아브 본사 정문 국기대의 태극기 _

히아브와 계약 후 5년 뒤에 거북선 금도금한 것 2개를 만들어서 하나는 현재도 보관하고 있고 하나는 5주년 기념선물로 들고 스웨덴에 갔다.

"자, 5년이 됐다. 5년 기념으로 선물을 가져왔다."

5년 전 현대로부터 히아브 판매대리권을 가져올 때 내년에 얼마나 팔 수 있겠느냐고 물어왔다.

"내년에 얼마나 하겠습니까?"

"내년이라고 하지 말아요. 당신네 한국 시장은 버진virgin시장 아닙니까? 나는 백지 시장을 가지고 시작하는데, 앞으로 5년 동안 당신네 화폐단위로 2천만 크로나(한화 약 20억 원) 판매하겠소."

그렇게 말한 5년 뒤에 금도금한 거북선을 들고 간 것이다.

"내가 이거 가지고 온 이유가 있습니다. 5년 전에 당신네가 나에게 한국 판매 대리권을 넘길 적에 내년에 얼마나 할 거냐 물었잖습니까. 그때 내년이 아니고 5년 동안에 2천만 크로나를 팔겠다고 했어요. 데이터를 뽑아와 봐요. 다 기록이 있을 테니까. 2천만 크로나를 살짝 넘어갔을 게요. 내가 약속을 지켰잖습니까? 이것은 상호 간의 긴밀한 협조와 이해 덕분입니다."

그것으로 이야기는 일단 끝났다. 내가 해마다 스웨덴 히아
브에 가서 내놓는 비지니스 안건은 그들이 그저 당연히 그러
겠지 하고 받아들일 게 하나도 없었다. 내가 이러자 저러자 할
때마다 그들은 회의를 몇 번이고 했다.

"히아브에서는 그런 관례가 없다. 그렇게 할 수가 없다."

대답은 늘 그랬다. 그럴 때마다 말싸움하다가 내가 말했다.

"내가 당신들 적이요? 내가 적이 아니고 파트너잖아요. 우리
들의 일을 잘하자는 것이에요. 내가 언제 내 일방적인 욕심
으로 한 게 없지 않았습니까."

결국은 히아브가 내가 원하는 대로 바꾸어 따라왔었다. 그
리고 1차 5년이 끝난 때는 내년이 아니라 다음 5년에 얼마나
팔 수 있겠느냐고 물어왔다.

"2차 5년 동안에는 얼마나 팔 계획입니까?"

"1억 크로나를 판매할 겁니다."

　지난 5년 동안 해 온 걸, 앞으로 1년마다 해치우겠는 말이
다. 그러니까 당연히 입이 벌어질 수밖에 없지 않겠는가. 하지
만 그동안 약속한 게 이렇게 정확히 맞아떨어지니까 할 말이
없다. 그러니까 이 친구들이 헷갈리는 거다. 이걸 믿어야 하나
말아야 하나. 믿을 수도 없고 안 믿을 수도 없다.
　그때부터는 자기들 판단이 아니라 'C. E, Youn' 이야기가
기준이 된 것이다. 다시 5년이 지나고 스웨덴에 갔다.

"당신들 매출 자료를 뽑아와 봐요."

뽑아왔는데 9천 몇 백만 크로나였다.

"이거 부족하지 않아요?"

데이터를 보던 사장이 농담 섞어 말했다.

"무슨 소리 하고 있어요. 아직 반년이나 남아 있어요."

스웨덴은 7월 한 달 내내 몽땅 놀아버린다. 그러니 내가 매년 휴가 전에 스웨덴에 가야 했다.

"지금 L/C 신용장 열어놓고 선적해야 할 것을 빼 보세요."

L/C 오더order 온 자료를 빼 왔다. 그때 한국 국방부 군 관련 납품 물량도 있었다. 약속한 1억 크로나가 아니라 1억에서 1천만 크로나를 넘어갔다.

"거 보세요. 1억 넘었지 않았소?"

히아브 사람들 말로는 내가 한국에서 스웨덴으로 떴다고 하면 본사에서는 정문 국기대에 태극기를 중앙에 올려놓고 이번에는 어떤 선물을 가져 올려나 하고 기대하면서 벌벌 떤다는 것이었다.

히아브는 일 년에 한 번씩 세계 전체 판매 디스트리뷰터 distributer 회의를 하는데 한국 광림은 언제나 화제였었다. 히아브의 세계 전체 자사 조직 내에서 광림을 두고 '언빌리버블 스토리unbelievable story'라고 했다.

● 스웨덴 히아브 본사 정문 국기게양대에 걸려 있는 태극기

「이 시대 이 사람, 광림기계 회장 윤창의」(월간조선, 1990년 9월)

☙ 해외합작회사의 본질 _

외국은 다르다. 뭐가 달라도 다르다. 물론 한국에서 같이 산 우리들끼리도 다르지만 우리들끼리 다름과 외국의 다름은 또 다른 다름이다. 다른 외국을 가지고 더불어 함께 우리를 만들어 내야 한다. 우리가 되기 전에 너 또는 나 가지고 매일 아웅거리고 도토리 키재기를 해 봤자 승부가 안 난다. 그냥 반짝하는 승부밖에 없다. 다름을 우리라는 공동체로 묶어낼 수 있는 상생과 공존의 길을 찾아야 한다.

10년 전 처음 히아브를 만난 자리에서 향후 10년 동안 추진될 양사 협력체제의 마지막 4단계로 합작회사 설립을 이야기했다. 그런데 놀랍게도 9년째 되는 해에 4단계 합작회사를 히아브 측에서 먼저 제안했다. 광림기계(주)에 15%의 지분출자를 해도 되겠느냐고 하였다.

나는 새로운 안을 제시하였다. 4단계 합자회사는 신설법인으로 하고 목적은 광림기계와 히아브의 제품을 국내외에 판매하는 판매전문 회사로 하며, 주식지분비율은 광림 45%, 히아브 45%의 비율로 구성하되 10%는 캐스팅 보트로 히아브의 창업자인 선팹에게 준다. 그리고 초기 일정 기간은 광림이 경영권을 갖고 사장 임명권을 가진다고 하였다.

히아브와 광림은 10년 동안 밀애를 한 처녀 총각 당사자다, 이제 결혼을 해서 자식을 낳았는데, 그러면 엄마와 아빠는 엄연히 남녀평등하고 독립된 개체이어야만 자식도 독립된 존재가 될 수 있는 바탕이 된다. 그러면 자식이 기본적인 도리는 부모에게 효도해야 하는 것이 상식이다.

히아브와 광림기계는 유압 크레인 제조업이 본업인데, 자식이 효도하는 일은 자연히 부모의 제품을 잘 팔면 제일 큰 효도가 되지 않겠느냐. 그래서 합작회사는 판매회사로 하자. 한국뿐만 아니라 세계판매전문회사가 되도록 하자.

그런데 부부라고 싸움이 없으라는 법이 있느냐. 금슬이 좋으면 제3자가 개입을 않아도 되지만, 살다 보면 히아브와 광림이 서로 의견이 결정적으로 다른 경우가 생기는 경우가 있다. 그때는 제3자가 가늠을 지어주는 즉, 캐스팅보트 역할을 할 수 있는 장치를 두자. 캐스팅보트로 히아브의 탄생을 존중해서 현재는 히아브의 소유에 일체 관계없지만 히아브의 창업자인 선팹을 참가시켜 만들자고 하였다.

그리고 나라가 다른 부모 밑에서 태어난 자식이 스스로 독립해서 어른이 되는 데 시간이 걸릴 테니 스스로 경영을 책임질 수 있을 때까지는 자식이 태어난 곳이 한국이니까 한국 부모의 돌봄 밑에서 자라도록 하겠다는 것이다.

그러나 히아브에서는 광림이 45%만 가지고 자기들에게 55%를 준 것으로 생각하였다. 때문에 그것을 설명하고 납득시키는데 긴 시일이 걸렸다. 결국 히아브의 경영조직 내에는 이해와 동의를 구했다.

그러나 히아브가 속해 있는 핀란드 파텍그룹의 법률고문 변호사가 상식에 없는 일이라고 해서 최종적으로 합작계약이 무산되고 말았다. 최종적으로 합작사업이 무산된 스웨덴 히아브 사장실 회의석상에서 일어서면서 말했다.

"지난 10년의 양사 간 역사 속에 히아브가 너무 좋아서 최선의 호의와 지혜를 모아 마지막 4단계인 양사 합작회사의 구조를 제의한 것인데 여러분의 상식에 어긋나서 못하겠다면 합작회사는 잊어버리겠다. 억지로 이루기 위해서 이 문제를 타협을 할 생각이 추호도 없다.

내가 돌아간 후에 혹시라도 파텍그룹의 회장과 그룹 변호사의 마음이 바뀌어서 나의 안을 받아드리겠다고 하면, 그때는 여러분이 금년 6월에 있을 광림 10주년 기념행사에 참석할 때 볼보 승용차 1대를 선물로 들고 들어와야 할 것이다.

● 광림히아브(주) 영업 개시 축하행사에서, 앞줄 오른쪽에서 네 번째가 윤창의,
  뒷줄 오른쪽에서 여섯 번째가 레이프 발린 부사장 (광림 사보 1991년 3월호)

왜냐하면, 나야 스웨덴에 오는 것이 통상업무이지만, 나의
제안을 여러분에게 설명하느라 광림의 박 교수가 8번을 스
웨덴에 왔다. 여러분에게 설명하고 이해시키느라 왔지 타협
하러 온 것이 아니지 않았느냐 때문에 8회의 경비를 히아브
가 부담하는 것이 옳다고 본다.”

결국, 하이브는 광림의 10주년 행사장에서 공식 선물로 들
고 온 볼보 승용차를 세워놓고 자동차 키를 선물로 주었다. 합

작회사 광림-히아브의 초대사장은 광림의 이사장을 임명하였고 2대 사장은 스웨덴 히아브의 발린Lief Wallin 부사장을 히아브의 동의하에 임명하였다.

🖙 미국 그로브 _

세계적이어야 한다거나 세계 시장에 나가야 한다는 것은 어쨌거나 우리 한국 제조업이 미국 시장에 진출할 수 있어야 한다. 동남아 시장 진출 때는 코트라를 통해 우선 시장조사 자료를 받았다. 광림 제품을 수출하기 위해서도 그렇고, 또 각국 현지화를 위해서도 대리점 에이전트를 정해야 했다.

그런데 미국의 시장 상황을 조사해 보니까 광림 브랜드의 크레인을 들고 가서 마케팅하고 장사한다는 게 맞지 않는다는 걸 알았다.

무엇보다 법적인 문제, 안전, 뭐 그런 장애가 많았다. 미국에서는 의사들이 제일 겁낸다는 게 법률적인 소송이라고 한다. 미국인들은 모든 문제를 법률적으로 소송을 통해 해결하려고 한다. 그래서 법률지상주의 나라, 다시 말해서 변호사의 나라인 것처럼 보였다

만일 우리 광림이 수출했는데 그 제품을 쓰는 기사가 잘못

했거나, 기계가 실수해서 인명사고가 났다고 치자. 그러면 거꾸로 미국의 사고 한 건 때문에 대한민국의 광림이라는 중소기업회사 자체가 뿌리째 흔들릴 수 있다.

또 하나는 미국에도 비클 크레인이 있지만, 그 기본은 스틱이다. 그런데 기술적으로 우리 크레인 제품을 스틱 붐stick boom과 너클 붐knuckle boom으로 나눈다면 미국은 그 중간쯤이다. 일본형 스틱보다 월등하게 튼튼하고 강건한 또 다른 장르가 주종인 것이다. 게다가 미국 시장에서 너클 크레인은 조금 생소할 뿐만 아니라 히아브의 100% 투자회사도 있다.

이런 상황 하에서 미국 시장에 진출하려면 우선 미국의 중기 유수 메이커를 정해 그 기업과 합작해 OEM 파트너를 맺자. 그렇게 해서 우리가 할 건 우리가 하고 미국 파트너 회사가 할 건 그들이 하게 하는 게 더 맞겠다는 생각이 들었다.

잠재적인 미국의 OEM 파트너를 찾아보았다. 미국에 5대 크레인 메이커가 있다. 5대 메이커 중에서 제1위가 어디냐, 그랬더니 그로브GROVE 사라는 거였다. 그렇다면 우리가 선택할 파트너는 그로브다. 그런데 그로브를 제외한 4대 메이커는 해외에서 OEM을 하고 있었지만 그런데 그로브는 해외 OEM하지 않는 유일한 메이커였다.

1986년 여름 미국의 그로브 본사 공장을 방문하여 공장장, 기술이사 딕 샤프로스Richard Dick Schafroth, 소싱부장 잭 바네트Jack Barnett 세 사람을 만나는 회의 석상에서 그로브를 방문한 목적을 설명했다.

"당신네 나라 자동차, 미국의 자동차가 전 세계에서 1위요. 그런데 지금 자동차는 전 세계 모든 나라에 다 열었지 않았습니까. 미국 자동차가 전 세계에 문을 연 지 어디 일이 년이냐. 크레인이라고 당신네가 문을 안 열고 언제까지 버틸 수 있겠어요.

그로브도 언젠가 문을 열고 세계에 OEM 파트너를 찾아야 할 때가 오지 않겠습니까. 당신네가 해외 OEM 파트너를 찾는다고 한다면, 내가 볼런티어volunteer입니다. 나의 이 얘기를 파일해 두면 감사하겠습니다. 이 이야기를 하러 한국에서 미국 그로브 사까지 오게 되었어요."

그때만 해도 조그만 반월공장 때였다. 내가 솔직히 광림 현황을 이실직고했다.

"광림 회사는 천 평 공장 규모입니다. 그 천 평 공장에 인원이 60명입니다. 광림 역사는 6년 되었어요. 내가 맨손으로 시작했습니다. 그런데 감히 세계적인 그로브 사에게 OEM 제의하러 왔어요. 문 열어요. 이렇게 보잘것없는 회사 규모를 가지고 OEM 파트너를 신청하겠다는 데는 내 나름대로 이유가 있을 게 아닙니까?"

"그게 뭐지요. 이야기를 해 봐요."

그래서 사전에 조사한 내역과 미국과 그로브 사의 자존심에 대한 사전 정보를 가지고 설득했다.

"당신네 회사가 작년부터 미 국방성에 미사일 핸들링하는 방산장비를 납품하여 세계의 미군기지에 배치하고 있지 않습니까?"

그로브 사의 미사일 차량 탑재용 크레인에 대한 역사가 있다. 처음 미 국방성에서 미사일을 핸들링하는 차량 장착용 크레인 개발을 스웨덴 히아브와 했다. 원래 방산기계 하나가 탄생하는 데는 적어도 3년에서 5년이 걸린다. 히아브하고 계약해서 히아브와 공동으로 개발한 방산 제품을 미국 방산장비로 전 세계에 깔았다.

미 국방성은 이유가 있어서 히아브하고 한 것이다. 미국뿐만 아니고 유럽의 영국, 프랑스, 독일 등 모두 방산 크레인은 히아브의 제품을 쓴다. 그러니까 미국도 국방부에서 당연히 미사일 핸들링하는 방산장비 크레인은 스웨덴의 히아브 사에서 개발한 제품이었다.

그런데 미국 의회에서 미 국방성의 히아브 크레인 선택에 대한 치열한 정치논쟁이 일어나고, 결국은 미국 정부가 스웨덴의 히아브에 막대한 패널티penalty를 물고, 히아브와 계약을 중도 파기하는 사태가 발생한다. 중도 파기하면 계약위반 패널티가 어마어마하다. 미 국방성에서 패널티를 히아브에 물고 기술사용료까지 지불하여 미국 국내에서 생산 납품하기 시작한 회사가 바로 그로브 사였다.

내가 당돌하게 "광림은 이렇게 초라한 회사지만, 내가 히아브 포코 사의 기술 라이선시licensee이다."라고 말하자 갑자기 분위기가 엄숙해졌다. 히아브가 기술 라이센스를 준 나라가 없다. 한국의 광림 외에는.

❝ 잭과 딕 _

　그로브를 방문하기 위해 반도상사LG 종합상사 뉴욕지점장에게 내가 그로브 사에 비즈니스 상담하러 가야 하는데, 좀 어레인지arrange를 해 달라고 부탁을 했더니 며칠 후 연락이 왔다.

　"어레인지 됐어요. 몇 월 며칠 미국으로 들어오시면 돼요."

　그리고 출발 전날 직접 그로브에 확인팩스를 보냈다.

　"내가 방문하는 목적은 당신네하고 OEM 이야기를 하려고 한다."

　그런데 즉각 회신이 왔다.

　"들어오지 마라. 그런 방문 목적이라면 들어오지 말라."

　그로브는 해외 OEM을 하지 않는 것이 회사의 정책이기 때문에 자신들이 그 이야기를 할 입장이 못 되니까 들어오지 말라는 것이었다. 그래서 다시 팩스를 보냈다.

"그래 좋아요, 당신들이 시간 내 주지 못할 입장이라면, 그냥
가서 당신들 회사 공장의 펜스fence만 돌고 오겠소. 그냥 갑
니다."

뉴욕에 도착하니까 그로브에서 마지못해 한 시간만 내줄
거니까 한 시간만 이야기하고 가라고 연락이 와 있었다. 그로
브 공장에 가서 세 사람에게 시종 혼자서 이야기했다. 그들은
입을 꼭 다물고 내 얘기를 듣고만 있었다.

그런데 대한민국의 조그만 친구가 와가지고 대뜸 하는 말
이 '히아브와 기술 제휴해 가지고 크레인을 생산하는 회사'라
고 그러니까 깜짝 놀란 거다. 이 친구들이 그냥 얘기를 듣다가
갑자기 자세를 고쳐 앉았다. 만약에 전 세계에 나가 있는 미
국방성의 미사일 핸들링하는 장비를 그런 경위로 그로브가
생산 납품하지 않았다고 하면, 내 이야기가 설득력이 없었을
게다. 그렇게 두 가지를 정확하게 찔러 넣었다.

"자, 봐라. 당신들과 OEM하자고 그러는 것은 내가 히아브에

라이센스를 가진 회사이기 때문이다. 실제 그 라이센스를 가지고 한국에서 크레인을 생산하고 있다. 그다음에 사업 정책적인 문제는 당신들 혼자만 언제까지 OEM 하지 않고 독자적으로 미국 국내에서 다 생산하겠다고 그럴 것이냐."

내가 그로브 사를 떠나고 난 뒤에, 내부에서 진지한 논의가 시작되었을 것이다. 당장 그로브 사가 미사일 핸들링하는 크레인 합작 OEM 생산 제의를 받아들이리라고는 기대하지 않았다. 그로브 사는 많은 계열사를 거느린 미국 최고이자 세계 최고의 회사다. 그로브 본사 공장에서 만드는 것은 세계에서 제일 큰 크레인이라고 보면 된다. 한국에서도 가끔 보인다.

그것 말고 그로브 사에 스틱 붐 크레인을 만드는 작은 자회사가 있는데, 거기서는 주로 전선 등 작업 공사하는 차량용 크레인을 만들고 있다. 내 타깃target이 바로 거기였다. 그러나 나는 거기부터 치고 들어간 게 아니라 본사를 직접 치고 들어간 것이다.

미국이나 유럽에서는 본사가 대부분 공장과 같이 있고 그 공장도 한적한 시골에 자리 잡고 있다. 만약 그로브 사와 합작이 진행된다면 모든 권한과 핵심 정책 결정은 본사에 있으니

● 딕 샤프로스 (광림 사보 1992년 7·8월호)

까 본사를 통해서 자회사에 스틱 붐 크레인을 넣으려고 했다.

그렇게 점심 식사 후에 헤어지고 애틀랜타에 가서 다음 날 보잉 항공회사와 미팅을 가지고 하푼 미사일 공장을 안내받아 둘러보았다.

그런 다음 애틀랜타에서 자고 그 이튿날 오후에 LA 도착하니 그로브에서 호텔에 메시지가 와 있었다.

'전화해 달라.' 그래서 그로브 사에 전화를 하였더니 "당신 워싱턴으로 다시 돌아올 수 없겠느냐?"고 하는 것이었다.

"나 내일 아침에 귀국해야 돼요. 당신네 회사에 못 돌아가요"

"그럼 우리가 LA로 날아가겠어요. 밤 12시 즈음 도착합니다."

그렇게 해서 밤 12시쯤 잭과 딕이 호텔에 도착을 했다. 세 사람이 그들이 들고 온 파일을 가지고 OEM을 진행한다고 가정했을 때 어떤 원칙으로 할 것인지를 꼬박 밤을 새워 총 9시간을 이야기했다.

● 잭 바넷 (광림 사보 1992년 5·6월호)

오전 9시에 LA 공항까지 같이 나와서 그들은 워싱턴으로 돌아가고 나는 한국으로 왔다. 광림과 합작 프로그램을 시작할 거냐 말 거냐 선택의 문제는 그로브에게 공이 던져졌다.

1개월 후쯤에 그로브로부터 팩스가 왔다. '기쁜 소식이다. OEM을 시작하기로 내부방침을 결정했다. 정책변경이기 때문에 이사회에 이 안건을 올리겠다.'

이사회에 올리면 통과될 줄 알았다. 그런데 다음 연락이 오기를 '기쁜 소식이 아니다. 이사회에서 거부당했다. 다음에 또 소식을 기다려 달라.'

그러고 나서 연말 1986년 12월 30일에 딕과 잭 두 사람이 한국에 온다는 팩스가 왔다. 그래서 공항에 가서 픽업pick up해 여의도 사무실에 데리고 와 이야기부터 들어 보았다.

잭과 딕 두 사람이 들어온 건 두 사람이 그로브에 사표를 내고 광림에 와서 내가 하고자 하는 일을 돕겠다는 것이었다. 이유는 간단했다. 내가 위너winner이고 그로브가 패자loser라는 것이다.

먼저 솔직하게 현재 사정을 이야기했다.

"당신들 이야기가 감격스러울 만큼 대단하고 고마운데, 당신들을 받아들일 만큼 여유가 없다."

"아, 당신이 미국에 왔을 때, 우리에게 광림 상황을 솔직하게 다 이야기했잖아요. 1천 평밖에 안 되는 공장에, 매출 얼마에, 직원 몇 십 명이라고 들었어요. 그렇지만 인원 몇 십 명이고 공장이 천 평밖에 안 되고 회사 업력 문제 등, 당신이 우리에게 한 얘기를 다 받아들였습니다. 그렇기 때문에 왔는데, 우리 두 사람이 한 사람 한 사람 차례로 들어오겠습니다."

잭이 먼저 그로브에 사표 내고 들어오고 일 년 이후에 딕도 사표 내고 들어오겠다는 것이었다. 광림 사정이 이런데도 오겠다니 그 사람들에게 매우 감동을 받았다.

대학생이었던 때는 미국 반전운동에 참여했던 사람들이었는데, 그로브의 핵심 엘리트 경력을 접고 광림의 부사장으로 8년 동안 나와 함께 세계를 누비며 큰일을 했다. 하룻밤의 밤샘이 이런 인연을 만들 줄 상상이나 했던가!

1987년 2월 베이징 세계소방박람회에 들어가면서도 잭과 같이 들어갔다. 그 이후 1995년에 부도가 나고 1997년 법정관리 중에 미국 기계 전시회에 갔을 때 두 사람이 공항에 나와 있었다. 입국장 출구에서 우리는 서로 부둥켜안고 말없이 울음을 터트려버렸다.

✹ 유압실린더 국산화 _

광림기계에서 제조하는 광림팔은 유압기술을 중심에 두고 있다. 유압 크레인의 제조가 궤도에 진입하고 있으므로 유압 키 컴포넌트 국산 개발을 검토했다. 그때만 해도 키 컴포넌트는 전부 수입해서 썼다.

유압 키 컴포넌트는 유압펌프와 유압실린더로 구성되는데

유압펌프에 도전하기에는 아직 이른 것 같았다. 가공도 초정밀을 필요로 하지만 주물문제를 해결하기가 어려웠고 국내외 마케팅 시장도 조심스러운 점이 있었다. 그다음 유압실린더를 검토하였다.

유압실린더는 시설투자가 펌프보다 월등하게 많이 필요한 품목이었지만, 기술적인 면은 상대적으로 어려움이 적어 보였고 시장은 월등하게 큰 것으로 분석되었다. 그래서 유압실린더부터 먼저 개발하기로 결정하였다.

유압 실린더를 국산화하기 위하여 세계적인 생산 공장을 다녀보니 모두 실린더 공장만 규모가 광림의 청원공장 2만 평정도 되는 대형공장들이었고 실린더 전문 메이커였다. 핀란드, 네덜란드, 미국, 중국 등에서도 실린더 공장만 가지고도 큰 규모에 속했다.

하지만 광림이 5백 평 공장 가지고 실린더를 만들겠다고 하면 광림에 맞는 방법을 찾아야 한다. 외국의 실린더 공장을 흉내 내면 안 된다.

먼저 실린더를 국산화하는데 광림이 직접 다 하려고 하면 안 된다. 유압 실린더 제조 공정 중에서도 키 파트가 무엇이냐. 그게 실린더 로드cylinder rod였다. 그뿐만 아니라 아무리 작게

● 청원공장 전경 (광림 사보 1996년 봄호)

해도 제품이 나오면 팔아야 된다. 광림이 자체 내에서 필요한 수요는 시설능력의 10분의 1도 안 되는데 마케팅을 어떻게 할 것이냐. 처음부터 해외시장을 전제로 할 수밖에 없다.

'수출을 어디에 할 것인가?' 아무리 동남아 시장에 팔아 보았자 몇 대나 팔 수 있겠나. 그 비싼 기계로 생산해서 국내에 내놓으면 몇 대나 팔리겠는가. 국내 시장이라고 해도 당시에는 아주 적었다. 그래서 미국의 5대 중기 크레인 메이커를 타깃으로 정했다. 단순한 발상이 아니었다. 그러려면 미국의 5대 중기메이커가 사용하는 실린더의 실린더 로드를 가공하는 기계를 조사해야 했다.

● 미국 진출로 많은 협력 업체가 생겼다. 미국 긴급 차량 제작업체
이원(E-ONE)의 국기 게양대에 걸려 있는 태극기

그랬더니 예외 없이 시에라 머신이라는 거였다.

"예외 없이 전부 다 시에라예요? 그럼 그거 들여와요."

"그 외에 다른 기계 시설은 공장에서 결정하시오."

광림에서 실린더를 제조하되 실린더 로드 가공 기계만 들여
놓고, 나머지는 국내 협력회사를 찾아서 협동체제를 만들어 광
림의 시스템 설계로 최종적인 조립을 해서 제품을 만들자. 우
리 한국 사회에 그만한 기계공업은 많을 것이다. 그들을 존중
하고 모아서 실린더를 만들기로 했다. 그 회사가 바로 '광림정
밀'이다. 광림정밀에서 시에라의 '스카이빙 앤 롤러skiving &
roller m/c' 하나에만 시설 투자하고 시작했다.

❦ 공장장의 사표 _

동양고속의 박 부사장, 사람 참 아름다운 분이다. 내가 처음
에 광림 시작할 때부터 그 사람을 눈독 들였다. 삼고초려가 아
니라 아마 십고초려도 더 했을 것이다. 결국, 7년 후 청원공장
시작할 적에 초빙해 와서 공장장으로 한 3년 넘어 재직했다.

박 부사장이 시에라 머신의 도입을 반대하고 일본의 간사이 머신 도입을 올렸다.

"일본의 간사이 머신은 4억 원이면 되지 않습니까? 일본 것도 있는데, 왜 미국의 시에라 머신 8억 원 하는 것을 들여오려고 해요."

일본 간사이 머신도 스카이빙 앤 롤러 영역에서는 세계적으로 인정하여 준다. 일본에서 최고 좋은 기계이고 그 한국 대리점 사장이 내 고교 동기동창이다. 물론 내 동창이라고 해서 박 부사장이 올린 것은 아니었다.

"어차피 광림의 실린더 공장은 소규모이지 않습니까? 게다가 우리가 쓰면 얼마나 쓴다고 비싼 미제를 씁니까. 제일 중요한 것은 스카이빙 앤 롤러이긴 한데 그걸 꼭 배 이상 비용을 들여서 8억 원이나 투자해서 들어와야 합니까?"

광림정밀의 유압 실린더는 처음부터 수출시장을 전제로 하지 않으면 시초부터 손익을 기대할 수 없고, 수출을 전제로 한다고 하면 일차는 미국의 중기메이커를 타겟으로 할 수밖에 없다. 미국 5대 중기메이커에서 쓰는 유압실린더의 제일 중요한 실린더 로드 가공 기계가 시에라의 스카이빙 앤 롤러 머신이라면, 로드 가공 기계는 일치시켜 주어야 한다.

그런데 박 부사장이 3번째 반복해서 일본 간사이 머신 구매 품위서를 올린 것이었다. 내 생각과 설명을 하고 했는데도 동의하지 못하겠다는 소신 의사표시겠구나 싶었다.

"그래, 알았소. 간사이 머신을 사시오."

그리고 간사이 머신 구매 결재를 했다. 나는 박 부사장을 정말 잃고 싶지 않았다.

"박 부사장. 그동안 고심이 많았을 줄 알아요. 머리도 식힐 겸 지구를 한 바퀴 돌고 와요. 북미부터 유럽까지 한 번 돌고 오세요. 간사이 머신 계약은 돌아와서 하세요."

박 부사장이 지구를 돌아 귀국한 이튿날 사표를 들고 들어왔다.

"사표를 받아 주시던, 안 받아 주시던, 기다리지 않겠습니다.
처리해 주세요."

이렇게 광림을 이끌어 줄 경영자 후보를 떠나게 했다. 이
일이 내 가장 큰 잘못 중 하나일 지도 모른다.

🐛 기술의 의미 _

중국 합작 때 일부 직원들이 기술유출을 걱정했다.

"머지않은 미래에 경쟁업체가 될 게 뻔한데, 뭐 때문에 중국
과 기술 합작하려고 합니까?"

분명하게 대답했다.

"나 중국의 기술 검증 다 끝냈어요."

중국의 기계공업, 특장차, 자동차 회사와 합작하는데 기술
유출이 조금은 염려스럽지 않을 수 없다. 광림이 세계적인 기
술력을 만들기까지 얼마나 노력을 해 왔는가. 그런데 내가 중

국을 지난 6년 동안 25번이나 다녀온 게 어디 놀러 다녔는가. 오죽하면 내가 아직까지도 백두산도 못 올라가 봤을까. 중국 갈 때마다 이번에는 행여 백두산에 가볼 기회가 있으려나 막연한 기대는 항상 했지만.

아무튼, 중국의 실린더 공장을 견학하게 된 적이 있었다. 중국의 실린더 공장 하나만도 우리 공장보다 훨씬 크다. 게다가 우리는 엄두도 내기 힘들었던 그 비싼 시에라의 스카이빙 앤 롤러 머신을 한 대도 아니고 무려 5대나 갖고 있었다. 한 대 가지고 들여오느냐 마느냐로 결국은 그토록 아끼던 박 부사장을 잃었는데 말이다. 그 시에라 머신이 5대나 있었으니 얼마나 기가 죽었겠는가.

'아, 이 일을 어떻게 하나. 그러니 중국이라고 하겠지. 이걸 어쩌지. 우리 광림으로는 게임이 안 되는 것 아닌가?'

그러면서 유심히 더 파고 들어가 보았다. 그런데 여기저기 보다가 내 눈이 번쩍 뜨였다. 스카이빙 앤 롤러 머신에서 깎아 놓은 로드를 저장창고에 착착 재어 놓았는데 빛이 번쩍번쩍하다. 로드를 이렇게 재 놓았는데 자세히 보니까 로드 더미 위를 밟고 지나간 구두 발자국이 있었다.

'앗, 이거다. 당신네들은 아무리 실린더 머신을 그 비싼 8억 원짜리 시에라 머신을 5대나 갖다 놓고 큰소리를 쳐 보아라. 아무리 그래 보았자 그 실린더 로드 위에 구둣발로 밟고 다니는 그것이 바로 기술 후진성이야. 또한, 그것은 의식의 기술 후진성이야. 그 의식 그것은 하루 이틀에, 일이 년에 못 바꿔.'

실린더 로드는 먼지와 싸움이다. 유압 키 컴포넌트나 실린더, 그중에서도 로드. 그 모든 과정이 먼지하고 싸우는 일이다.

초창기에 스웨덴의 히아브 포코에 갈 때마다 반드시 공장 내부를 오래 둘러보았다. 더 파고들어 공부하기 위해 자세히 들여다보려 했다. 공장을 돌다가 우연히 실린더 메인터넌스 파트maintenance part를 둘러볼 기회가 있었다.

공장 안에서 한 사람이 땅바닥에 편안히 앉아서 붓으로 계속 빗질을 하고 있었다. 뭐 하나 자세히 들여다보았더니 실린더 로드를 붓질을 하고 있었다.

"지금 뭐 하십니까?"

"실린더가 부딪쳐서 약간 홈집이 났어요."

홈집이 있으면 안 된다. 그런데 내가 보니 홈집이 안 보였다. 그 사람의 설명이 깎거나 메우거나 하는 방법으로는 수리를 못 하고 쓰레기로 내버리는 수밖에 없다는 거다. 우리가 쓰는 붓에 액체를 묻혀서 흠집 난 부분을 계속 문지르는 것이다.

그런데 실린더 로드 강철이 보통 강철인가? 흠집이 눈에 보이는 정도면 버리는 수밖에 없다. 그런데 내 눈에는 안 보이지만 그 사람은 계속해서 흠집을 붓으로 반복해서 문지르고 있었다. 속된 표현으로 먹었다는 부위를 붓으로 정성스럽게 붓질을 계속했다. 내가 얼마나 놀랐겠는가.

그렇게 섬세하게 다루어야 하는 게 실린더 로드다. 그런데 거기에다가 어떻게 발자국을 내고, 발로 딛고 넘어갈 수가 있겠는가. 그래서 내가 마음속으로 장담했다. '당신네들 10년 안에는 광림의 경쟁업체가 될 수 없어. 안 돼.' 나는 특장차 기술을 얼마든지 중국에 줘도 된다고 생각했다.

"우리도 그 기술력을 습득하기 위해 노력했지만, 중요한 것은 광림이 시스템 설계를 했다는 것이 대단한 거다. 그러니 중국에 기술을 줘도 돼요. 중국이 10년 내로 우리 광림 기술을 가진다고 해도 우리와는 결코 경쟁업체가 안 돼요. 광림은 10년 동안 가만히 앉아서 그 기술을 우려먹고만 있을 거냐구요? 아니잖아요. 우리도 10년 동안 저만치 앞서 가야지요. 그런 거예요. 저쪽 중국에서 10년이 지나 우리 광림의 경쟁업체가 될 정도로 성장했을 때, 우리는 더 멀리 가 있어야 돼요. 광림 기술로 중국에서 제조한 것도 광림이 해외마케팅을 할 거니까, 우리의 수출품목이 하나 더 늘기도 하고요. 걱정하지 말아요."

🐾 광림의 경쟁 상대는 세계적인 대기업 _

어느 날 생각지도 않게 삼성중공업이 소형 비클 크레인 분야에 뛰어들었다. 그전에는 사원들 교육이 있을 때나 회의 때마다 정보를 들먹여졌다.

"뭐 경쟁업체가 이렇습니다. 저렇습니다. 뭐 수입품이 이렇습니다. 저렇습니다. 수입품도 들어왔고 국내에도 이런 데 저런 데서 새로 나왔거든요"

그러면 나는 언제나

"그쪽을 거들떠보지 말아요. 우리 갈 길이나 가면 되지. 그거 거들떠볼 겨를도 없어요."

사실 마음속으로 우리 광림과 경쟁할만한 업체는 국내에
없다고 생각하고 있었다. 하지만 삼성중공업이 들어왔다면
사정이 달라진다.

이제까지 다른 대기업들이 광림의 경쟁 상대로 나왔을 때,
어느 대기업도 광림을 이길 수 없었던 데는 다 이유가 있었다.
기술력에서 세계 일류만 상대하고 일류를 추구했기 때문만
이 아니었다.

광림이라는 기업이 갖는 대기업과는 다른 내부적인 독특
한 경쟁력이 있다고 나는 믿고 있었다. 그것이 광림의 문화라
고 할까 광림의 철학이라고 할까 뭐라고 표현하던지 광림사
람들의 주인 정신이 바로 세계적인 경쟁력이기도 했다. 그래
서 처음부터 경쟁 상대로 생각해 오지 않았다.

뿐만 아니라 대기업과의 경쟁에 관하여 경쟁력의 본원적인
근거의 하나는 작은 품목에 대해서는 작은 기업이 경쟁력이 있
다는 것이다. 큰 품목은 대기업이 경쟁력이 있다. 적정규모의
경쟁력이다. 그래서 대기업이 나왔을 때마다 광림가족들에게
"상대하지 마세요. 신경도 쓰지 말아요"라고 했던 것이다.

하지만 이제 상대는 삼성이다. 그러나 나는 5년 동안이라면 승부를 걸 수 있다고 생각했다. 왜냐하면, 삼성이라는 대기업의 체질 성격을 잘 알기에 예측이 가능했기 때문이다. 상황이 달라질 수 있는 것이다. 그래서 광림의 전체사원 교육 시 선언을 했다.

"이제는 삼성이 나왔으니까 우리 광림의 경쟁력을 전제로 하여 5년 내에 삼성을 꺾어야 합니다. 삼성은 책임과 권한을 분명히 하는 회사예요. 그들이 5년 기간 내에 우리 광림을 따라잡지 못한다면 소형 비클 크레인 분야 책임자는 반드시 인사 문책을 받을 것입니다."

삼성 체제로 보면 당연하다. 그래서 5년이라고 한 것이다. 5년 안에 삼성중공업의 비클 크레인 부문 책임자가 경영성과 책임으로 세 번 정도는 인사문책이 있어야 한다. 삼성 자체 내에서 경영 성과로 인사 책임 문제가 나오도록 하려면 광림으로서는 마켓셰어market share도 올려주면 안 되고 가격도 상대의 손익결산을 고려하여 틈을 주면 안 된다. 너무 힘겨운 경쟁에 돌입해야 했다.

내가 신기가 좀 있고 점쟁이 같은 데가 있다. 정확히 5년째 되는 해이다. 중역회의가 끝났을 때 공장장이 물어 왔다.

"회장님, 삼성중공업에서 자꾸 우리 광림 공장을 견학하게 해 달라고 합니다. 두 번이나 거절을 했는데, 자꾸 그럽니다. 어떻게 하지요?"

"어, 당신 지금 뭐라고 그랬소. 삼성중공업에서 견학을 시켜 달라고 하는데 왜 거절해요? 아예 연구실까지 다 보여줘요. 혹시 광림이 삼성한테 빼앗길 게 뭐 있어요. 빼앗길 게 없잖아요. 그리고 삼성중공업이 와서 우리에게 좀 배우겠다는데, 한 수 가르쳐 주시오. 뭐 숨길 게 있다고 두 번이나 거절을 해. 어찌 되었건 동업계인데, 거절은 맞지 않소. 바로 전화해서 견학을 받겠다고 그래요."

삼성중공업에서 승용차 두 대로 왔다가 둘러보고 갔다. 그 다음에 또 오겠다고 했다. 그래서 내가 공장장한테 어떻게 할 거냐고 물어보았더니

"어차피 한 번 문을 열었는데요. 뭐."

그러면서 우리끼리 폭소를 터뜨렸다. 그래서 두 번째는

"우리도 삼성중공업에 요청을 하시오. 우리 공장의 현장 팀
장급 30명을 모두 광림 회사 버스에 탑승시켜 가겠다고 창원
공장에 견학을 받아달라고 요청하시오."

우리 광림가족들에게는 더없이 좋은 현장교육이 되었다.
그리고 오래되지 않았는데 정식으로 나를 초청한다는 연
락이 왔다. 삼성중공업을 한 번 방문해 달라고 해서 내가 창원
에 갔다. 역시 삼성중공업이 다르긴 달랐다. 하나의 흐트러짐
이 없이 퍼펙트한 공장이었다. 나는 어디를 가든 들어가면서
항상 정리정돈부터 본다. 그리고 기계가 돌아가는 소리를 눈
을 감고 듣는다. 정리정돈은 눈으로 보는 거고 이 공장이 얼마
나 생산성 있게 돌아가고 있느냐는 소리로 듣는다.

공장 브리핑에 이어 안내를 받아 공장을 한 바퀴 돌았다.
그다음에 식당에 가서 점심 식사와 커피 한잔 하고 대단히 고
맙다고 했다.

"역시 삼성입니다. 오늘 하루 대단히 고마웠습니다."

초청에 대한 감사 인사를 하고 일어섰다. 그런데 그냥 가면 어떡하느냐며 붙잡는 것이었다.

"초청해 줘서 고맙게 보고 듣고, 점심까지 대접을 잘 받았으니 이젠 가야지요. 여러분은 바쁘신 분들이잖아요."

"아아, 좀 앉으세요. 우리가 초청한 것은 이야기 한 번 듣자고 초청했는데, 한 말씀 하시고 가셔야지, 그냥 가면 어떡합니까? 우리가 윤 회장님을 모시려고 공장 전체가 준비를 했어요. 소감 한마디 해 주시고 가셔야지요."

"나는 이야기하라면 하는 사람인데, 아무래도 좋은 얘기를 듣자는 것은 아닐 것 같고, 안 좋은 얘기는 안 하려고 그랬는데, 하라고 그러면 하겠습니다. 기분 상하게는 듣지 마세요."

"아, 물론입니다."

그래서 내가 공장을 돌아본 소감을 말했다.

"들어오면서 보니까 입구부터 시작해서 공장 벽에 '일본을 이기자'고 써 붙였더라고요. 정신이 대단히 존경스러웠습니다. 감동이고요.

그러나 사업이라는 것도 그렇고, 우리는 같은 기계공업을 하는 입장에서, 기계공업을 가지고 이야기를 해도 그렇고, 장사 이야기도 그렇고, 경쟁력이 아니겠어요. 일본을 이기자는 마음 자세, 내가 대단히 존경합니다.

그런데 그 일본을 이기는 경쟁력이라는 것이 당신들이 설명한 대로 일본은 자동 선반 5대를 한 사람이 관리하는데 당신들은 한 대 더 해서 6대를 관리한다고 했어요. 기계 하나에 한 사람이 붙어도 비싼 기계지요.

그런데 한 사람이 일본은 다섯 대를, 우리는 한 사람이 여섯 대를 본다고 해서, 한 사람이 그 기계 한 대를 더 커버cover한다고 해서 얼마나 경쟁력이 더 있다고 생각하십니까?

기술이라는 건 수량만 가지고 얘기하는 게 아니지 않습니까? 그러면 기술 그 자체를 일본보다 더 앞선 건 없나. 또 세계 속에서 일본보다 더 앞설 수 있는 게 없나. 세계를 보고 시작했어야 됩니다. 그렇게 일본만 경쟁 상대로 하고 일본에게만 배워서 일본만 앞서겠다고, 자동선반 한 대 더 돌렸다고 해서 일본 기술력을 넘어가는 거 그리 쉬울까요?

삼성중공업에서 차량탑재용 비클 크레인 사업을 처음 기획할 적에 비클 크레인의 전체 판을 보았어야 했어요. 그보다 더 근원적인 문제가 있었지요. 당신들은 일본하고 제휴한 건설용 크레인을 생산하고 있었지만, 광림이 생산하고 있는 비클 크레인은 산업용 크레인이어서 엄밀히 얘기하면 건설용 크레인과는 다른 장르의 크레인인데, 용량이나 크기가 작다고 쉽게 보았지 않았나 해요.

먼저 이 비클 크레인은 중량을 운반하는 톤 미터ton meter이지요. 당신들의 건설 크레인은 몇 십 톤 몇 백 톤 하기 때문에, 이 톤 메타를 아무 것도 아니라고 보았기에 기술적인 비교 착안에서 차질이 하나 있었던 겁니다.

그리고 두번째 이 톤 메타인 비클 크레인도 스틱 크레인과 너클 크레인이 있지요. 그 두 가지가 비클 크레인의 분류입니다. 너클 크레인광림쎈팔과 스틱 크레인광림긴팔의 기술적 차이가 얼마나 있는지도 간과를 했어요.

스틱 크레인은 단순히 넣고 빼고 올리고 내리는 것만 하는

데 비해, 너클 크레인은 관절, 팔목부터 손가락까지의 관절을 움직이도록 만들어진 기계 기술입니다. 그러면 기술적으로 스틱 크레인을 작동하는 구조와 유압 시스템 기술과 너클 크레인을 작동하는 구조와 유압 시스템 기술을 비교하면 서로 차원이 다르지 않겠습니까.

물론 광림은 관절식 크레인을 곧바로 우리 자체 기술로 개발할 수 없었기 때문에 스웨덴의 히아브 포코 하고 기술 제휴 과정을 거쳤어요.

그것도 또 단계가 있었지요. 그리고 기술 라이센스를 가지고 와서, 너클 크레인을 광림의 유압 크레인의 기술 중심에 세웠어요. 그 기술을 바탕으로 스틱 크레인은 기술 제휴 없이 광림 자체기술로 자체개발이 가능했던 겁니다.

일본에 가보면 트럭마다 비클 크레인을 달고 다니는데, 대부분 유니크와 타다노의 스틱 붐 크레인입니다. 일본의 너클 크레인은 히아브 재팬에서 스웨덴의 히아브로부터 수입해 공급한 것이지요. 그리고 히아브 재팬 사장 미스터 유키는 제2차 세계대전 당시 주 스웨덴 일본 대사의 아들입니다. 스틱 크레인의 원조는 일본입니다. 히아브는 스틱 크레인이 없어요. 일본에서 제2차 세계대전 이후에 히아브 너클 크레인을 일본에 들여왔는데, 보니까 필요하겠거든요. 그런데 기술이 간단하지 않단 말이에요. 일본 기술로 개발해 보자. 그게 바로 스틱 크레인이었던 겁니다. 그 두 회사가 유니크와 타다노입니다.

삼성은 타다노와 기존 제휴관계에 있으므로 쉽게 비클 스틱 크레인에 진입하였지만, 시장 셰어를 광림이 70%를 장악하고 있는데도 삼성이 5년 동안 10% 대에서 머물고 있는 것은 근원적인 원인이 있는 것이 아닌가 생각합니다.

나는 삼성이 세계적인 조직이라는 걸 존중해요. 그러나 이 비클 크레인 시장 가지고 이야기하면, 삼성중공업이 헛발 짚었어요. 광림이 있는 한 경쟁하는데 어려움이 있을 것입니다. 미안합니다. 이런 이야기를 당신들이 하라고 해서 했어요."

그리고 인사하고 나왔다. 그 뒤 몇 개월 안 되었는데 공장장이 중역회의에서 말했다.

"삼성중공업에서 제품 재고가 한 50여 대 있는데 광림에서 인수할 용의가 없는지 물어왔습니다."

그래서 내가 무릎을 쳤다.

"그 50대만이 아니고, 삼성중공업 생산 공장 안에 있는 지그 픽스튜어zig fixture 전부를 다 넘기라고 하세요. 그러면 생각해 본다고 하세요. 가격은 시비하지 말고 장부가격으로 사겠다고 하세요. 지그픽스튜어는 5년 감가상각했을 테니까요."

당연히 반대의 목소리가 나왔다.

"우리 것도 있는데 고철로 버릴 걸 왜 그것까지 산다고 그러세요."

"아무 소리 하지 마세요. 깡그리 걷어 오세요."

전부 인수하는 데 근 18억 원이 들었다. 대단히 부담스러운 금액이었다. 그런데도 삼성중공업의 크레인 재고 50~60대 외에도 생산공장 라인에 지그 픽스튜어까지 깡그리 긁어 오라는 데는 이유가 있었다.

지그 픽스튜어는 기계를 정밀하게 깎고 조립할 적에 쓰는

틀이다. 크레인을 생산하려면 지그 픽스튜어만 해도 대단히 많은 투자가 들어간다. 이참에 아예 삼성중공업에서 확실하게 비클 크레인 사업 자체를 지금과 미래에도 걷어내야 하겠다는 생각이었다.

삼성의 경영자는 자꾸 바뀐다. 어느 경영자가 와서 "이 사람들아, 왜 이리 좋은 시장을 두고 손들고 나왔어. 다시 해"라고 했을 때 지그 픽스튜어까지 공장에 다 있으면 다시 시작하는 건 쉬운 일이다. 아무튼, 5년 만에 삼성중공업이 비클 크레인 사업은 중단하였다.

☙ 신기술 고시 품목 _

앞에서 누차 말한 것처럼 광림 기술의 핵심은 유압기술에 두고 자동차기술로 확장시켜나가는 것이다. 광림의 첫 번째 제품이 유압 크레인인데, 그것은 사람이 험한 환경에서 힘들여 하는 작업을 사람의 팔보다 힘세고 편리하며 안전한 작업을 팔 대신 할 수 있는 기계로 대체시키는 것이었다.

그 팔이 차량에 올라가면 크레인 특장차가 된다. 크레인 특

「신기술로 대기업 꺾었다」(동아일보, 1990년 7월 27일)

장차에 연이어 개발에 착수한 것이 광림 다목적소방차였다. 화재 발생 시 불을 끄고 재물을 구하는 것 이전에, 불 속에서 사람을 먼저 구출하는 장비로 개발한 것이 인명구조 목적의 다목적소방차 탄생이었다.

그다음에는 환경 영역의 청소차였다. 압축진개청소차, 노면청소차, 하수구청소차 등이었고, 그리고 다음 분야는 전기 부문의 무정전공법차, 산악철탑공사차 등 일반산업부문으로 발전시켜 나아갔다.

특장차 부문 중 역점 개발품목의 하나는 농촌형 다목적 소방차였다. 농촌에서 비료를 뿌리고 농약을 살포하는 용도에도 쓰고 산불 난 현장으로 달려가 초기에 불을 끄고 다음에 잔불을 끄도록 했다. 산불이란 잔불이 또 일어난다. 그 산불의 초기진화와 잔불을 진화하는 게 농촌형 다목적 소방차였다.

농촌형 다목적 소방차는 국내용으로만 만든 게 아니다. 그게 바로 아시아형이고 중진국 후진국형 특장차이다. 기존 소방차가 선진국 용도에 맞게 개별적으로 전문화된 설계를 바꿔서 우리는 축소하고 대신 복합적으로 기능할 수 있도록 시스템 설계를 한 것이다.

이러한 시스템기술 연구개발의 결과 국내특허 뿐만 아니

라 세계특허를 출원 획득하고 정부의 기술개발촉진법에 의하여 국산 신기술고시1호 품목인 광림의 20㎥ 압축진개청소차 개발 제품의 신기술 고시가 나왔다.

5㎥ 압축진개청소차를 개발하여 국내 및 대만 정부에 수출하고 있는 기술을 더욱 발전시켜, 압입 압출방식에 새롭고 독창적인 기술을 응용하여 20㎥ 압축진개청소차를 개발하여 정부의 기술개발촉진법에 의한 신기술품목고시를 획득한 것이다.

그런데 경쟁업체를 위시한 한국 자동차 업계가 정부에 행정소송을 제기하여 법적인 저지활동을 2년에 걸쳐 진행하여 대법원의 최종 기각판결이 날 때까지 계속되었다. 이를 국내의 언론에서는 '다윗과 골리앗의 싸움보다 더한 싸움이 현재 진행되고 있다'고 했다.

❝ 경쟁업체들의 음해 공작 _

서울시는 김포 해안 수도권 쓰레기 매립지로 쓰레기 수송을 위해 1991년부터 1997년까지 22개 지구별 157대, 1000억

「유압산업선도 광림기계 「제도영업」 최대활용 큰 성과」(매일경제, 1992년 11월 30일)

원 규모의 20㎥ 압축진개차 구매에 나섰으며 점차 지방 중소 도시에도 수요기반이 형성될 전망이었다.

이렇게 되자 한국자동차협회를 필두로 수산중공업, 아시아자동차, 현대자동차, 쌍용자동차 등 관련 단체 및 업체들이 크게 반발, 과학기술처와 조달청에 광림의 20㎥ 압축진개차 국산 신기술승인을 취소할 것을 요구하고 나섰다.

하지만 이들의 주장은 과학기술처, 상공부, 한국과학기술연구원KIST, 한국기계연구원KIMM, 한국자동차부품연구소 및 서울대학교 교수들로 구성된 재심위원들의 재심 결과 설득력이 없는 것으로 결론지어졌다.

즉, 5.5㎥ 진개차와 20㎥ 진개차는 배출방식, 압입 압출방식의 기술이 크게 틀리며, 외국에서 오래전에 개발된 기술이라 해도 국내에서는 최초로 개발에 성공했기 때문에 국산 신기술로 인정할 수밖에 없으며, 특히 광림의 20㎥ 진개차는 이적, 압입 압출방식에 있어서 새롭고 독창적인 기술이 응용됐기 때문에 국산 신기술의 가치가 충분하다고 평가를 내렸다.

이렇게 되자 경쟁업체들은 광림의 신기술고시를 취소하라는 행정심판을 과기처에, 동시에 서울고법에 정부고시 효력정지 가처분신청 및 행정소송을 제기하였다.

하지만 서울고법 특별3부는 과기처가 광림특장차의 20㎥ 압축진개차를 국산 신기술로 인정, 정부우선 구매권 등 독점적 지위를 부여한 것은 부당하다며 현대자동차 등 3개사가 과기처 장관을 상대로 낸 국산 신기술 제품 지원 결정 취소청구 소송을 각하했다. 각하 판결은 소송을 낼 자격이 없는 사람이 소송을 제기했거나, 소송을 내더라도 법률상 얻을 직접적인 이익이 없을 경우 내려지는 것이다.

재판부는 판결문에서 '정부의 국산 신기술 제품지정은 국산화한 기업을 정부 차원에서 지원해 주기 위한 정책으로, 어느 누구에게나 지원될 수 있는 만큼 특정업체가 신기술 지원 결정을 받은 것을 부당하다고 다툴 수는 없다'고 밝히고 '따라서 원고들이 소송을 낼 자격이 없으므로 광림특장차의 기술이 신기술인지 여부는 따져볼 것도 없다'고 덧붙였다. 그들은 소송자격이 없다는 판결에 승복할 수 없다고 대법원에 상고를 제기하였으나 대법원은 고법판결과 같은 이유로 기각하였다.

광림의 신기술개발을 가지고 국내 경쟁업체들의 경쟁행태를 적나라하게 드러낸 사례 중 하나다.

정부가 입법 취지에 맞춰 집행하는 법 집행도, 전문 학자와 관계분야의 전문 의견도, 사법부의 법률적인 판결도 자기의 이익 앞에 모두 부정하는 행태를 2년간 계속하며 소모적인 적대 행위를 사회적으로 일으키며 세간의 의문을 조장하는 동안, 광림의 기술개발연구는 무산되고 조직력은 불필요한 업무에 소진되며 소기의 영업은 날아가 버렸다. 아마도 경쟁업체들이 도모한 진짜 목적이었을 것이다.

공교롭게도 이 기간은 정부 사정기관의 압수수색, 세무사찰, 특별감사가 중복되고 이어지는 너무나 뼈아픈 시간이었다. 아무리 결과가 '무혐의다', '무죄다', '혐의없다'라고는 하지만, 그 과정에 받은 광림 내부의 고통과 광림 밖의 광림사람들에게, 특히 광림의 고객이 되는 사람들이나 고객기관에게 어떤 영향이 미치게 되었겠나 생각만 해도 끔찍하다.

5부 광림공사, 못다 이룬 꿈

🐚 산림 경영조직 _

1972년 유엔장학생UNIDO Fellowship으로 호주에 일 년간 공부를 하기 위하여 생애 처음으로 비행기를 탄 적이 있다. 김포공항을 이륙하여 한국을 벗어나기까지 비행기 창밖으로 내려 보이는 온통 벌거숭이인 산을 보고 '이 일을 어떻게 하나' 하고 충격을 받으며 눈을 떼지 못했던 기억이 어제처럼 생생하다. 이제는 지난 반세기 동안 절대녹화사업으로 우리의 산은 위대한 변신을 이루었다.

호주는 산림이 무성한 나라이긴 한데 유칼립투스가 주 수종으로 우거진 숲bush이다. 후에 LG종합상사 근무 시절 원목사업을 개척하기 위하여 다녔던 미국 태평양연안 북서부PNW 지역의 수 세대에 걸쳐 조성된 경제림과는 대조적이다. 일본도 정부의 행정적인 사업으로 국토의 녹화사업을 일본답게 철저히 성공한 예이기는 한데, 결정적인 실수를 저지른 것은 자기들이 좋아하는 스기杉, cedar 수종으로 덮어버린 것이다.

호주의 숲은 자연이고, 미국의 태평양연안 북서부 지역은 경영이고, 일본의 스기 수종 일변도는 행정이다.

산림사업은 일차로 토양, 기후, 위도, 온도, 습도, 양지, 음지 등의 기술적인 요소를 고려하고 장단기 계획에 의하여 수

종과 영림계획을 종합적으로 수립하여 접근해야 한다. 산림사업의 특이성은 계획의 기본단위가 100년이라는 점이다.

전 국토의 2/3가 산지인 한국 지형의 특성상 산림 부존자원의 질과 양적인 경제적 자원화는 국부와 국가 경제발전의 초석이 될 것이며, 더욱 중요한 것은 100년 이후에 나올 이익을 위해 산림문화를 가꾸어 가는 과정에서 인간사회의 쾌적한 삶의 터전이 이루어져 간다.

산림사업은 정부나 독림가가 하고 있다. 산림의 자원화와 산림문화를 경영 전문조직이 경영 마인드로 경영할 수 있다면 국토를 경제적 자원화하는 정말 좋은 일이 되겠다고 생각했다.

게다가 나는 광림그룹은 창업하면서 처음부터 사적으로 주식 같은 재산을 가지지 않고 사회적인 공익경영을 위한 종잣돈으로 쓰겠다고 생각하였으니 이 일보다 더 좋은 일이 어디 있겠느냐고 확신하였다.

☙ 광림공사 이사회 _

광림 20년 계획의 전반 10년이 끝나고 광림그룹 전사의 내전 소유주식 72만 주, 액면가 36억 원, 매입가 64.8억 원을 출연하여 광림공사를 설립, 산림청의 인가를 받아 등록하였다.

광림공사의 이사회 구성은 내가 20년 이상 아는 최고 경영자분 중에서 중고등학교 동문에서 2분, 대학 동문에서 2분, 사회에 나와서 알게 된 분 중에서 3분을 이사로 모시고, 이사장님은 박정기 회장님을 모셨다. 광림공사의 이사는 광림그룹의 주식이나 개인적인 이해관계를 갖지 않은 분들이다.

광림공사의 이사회는 광림공사의 산림사업에 관한 최고 의사결정 기관일 뿐만 아니라 광림그룹, 광림기계(주),광림특장차(주),광림정밀(주)의 대주주로서 광림그룹의 전문 경영자를 선택하고 임면하는 인사권을 행사하는 중요한 역할을 맡게 된다. 그리고 광림공사는 뜻으로 태어난 경영조직이므로 최초의 조직태생에 관해 나의 지침을 반영해 주기를 원했다.

첫 번째는 산림청의 행정서류 상 어디에도 출연자인 윤창의의 기록을 남기지 않는 것이다. 100년 후 후손들이 즐기면서 우리 선조들이 시작했고 100년을 가꾸어 나온 작품이라고 한다면 족하다. 무엇보다 광림공사는 전적으로 공익을 추구하는 경영조직으로 경영상의 영리를 추구하되 그것은 사업활동의 계속과 자전自傳을 위한 것으로 개인의 이익을 위한 조직이 아니어야 하므로 처음부터 소유와 관계되는 개인의 이름이 어디에도 빠져야만 한다.

두 번째는 정관에 세 가지를 분명히 하는 것이다.

1. 광림공사는 땅을 한 평도 매입 소유하지 않는다. 산림 경영의 목적은 영림에 있지 임지의 소유에 있지 않다. 100년을 보고 가야 하면 허리띠를 졸라매고 자전을 이어가야 하는데, 광림그룹 배당금과 산림단지 내의 부수 영리사업으로는 극히 제한적인 가용자원일 것이므로 땅의 소유에 집착하고 소진하면 안 된다. 광림공사의 산림사업 전문 경영조직의 영림 대상단지는 국내에나 지구상에 무한적이라고 할 만큼 많은 땅이 기다리고 있다.

2. 영림 계획단지의 입지를 선택할 때 반드시 오지로 들어가야 한다. 접근이 용이하면 100년 훨씬 전에 단기 경영목적으로 이용되거나 부동산 사업 대상이 되어 버린다.

3. 과실나무를 심지 마라. 과수를 할 수 있는 입지면 다른 사람이 할 수 있다. 그분들에게 기회를 주면 된다. 더욱이 광림 영림단지에 먹음직한 과일이 있으면 지나가는 사람으로 하여금 사소한 욕심을 불러일으키는 유혹을 일으키게 한다.

산림청에서 광림공사의 정관 심사과정에 땅을 한 평도 소유하지 않는다는 조항을 삭제하라고 강력하게 요구하여 한참 동안 실무자들끼리 논쟁이 있었다.

❛ 광림그룹의 대주주 _

광림창업 초년도 매출이 1981년 1억 8천만 원에서 1991년 매출이 692억 원으로, 자본금은 5천만 원에서 주식 72만 주 36억 원으로 증가되었다. 이 주식 72만 주 전액을 광림공사의 설립기금으로 출연하고 광림기계(주)와 광림특장차(주)의 신주 150만주를 발행하여 광림의 안팎 6자 주인들에게 신주 인수기회를 제공하였다.

광림그룹 주식의 1/3은 광림공사가, 2/3는 광림의 주인 6자론에 따라 경영자, 종업원, 고객, 관계자, 관심인 등이 주주가 되었다.

적정 인수가액은 국제기업전략연구소와 현대증권에 복수 의뢰하였다. 의뢰 결과 주당 11000원에서 15000원으로 주식 공개 시에는 30000~35000원 정도가 예상된다고 하여 9000원으로 인수가액을 정했다.

광림직원들의 개인별 인수 한도는 객관적으로 최대한 공정하게 배정하기 위하여 서울대 조동성 교수에게 용역 의뢰를 하였다. 근무연한, 직무, 직위 등의 자료를 참조하여 만들어진 개인이 인수할 수 있는 주식량의 리스트를 받아 이를 공개하였다.

우리 집안에 제일 어르신인 고모부님께서 당신께서는 주식이라는 것은 모르고 관심을 가져본 적이 없지만 네 회사의 주식을 사서 주주가 되고 싶다고 하셨다.

향년 85세이셨는데, 일제 식민지 시대에 경성제대 법학부를 나오시고 고시에 합격하셨으나, 한국 내에서 일제의 고급 관리를 하시지 않겠다고 만주에서 고급관리를 하시다가, 해방 후 귀국해 건국대학교의 전신인 정치대학을 유석창 이사장님과 함께 학장, 부학장으로 의기투합하여 설립하시고 건국대학교 법정대학장, 대학원장으로 교육에 헌신하신 분이다.

내가 금성사에 신입사원으로 입사할 적에 신원보증인으로 서달라고 부탁드렸더니, 원칙적으로 보증은 서지 않는데 예외로 고모부님 집안의 장조카인 박태서(당시 이병철 회장의 비서실장)씨와 당신의 처가 쪽에서 서겠다고 하셨다.

고모부님께서 광림회사에 주식을 사서 광림의 주주가 되고 싶다고 하시며 광림주주 1200명의 명단에 올려주신 것이 나에게는 크나큰 자랑이고 보람이었다.

광림 10주년 행사에 나의 소유를 전부 공익법인에 출연하여 광림공사를 설립하기 위하여 10년 동안 타인의 자본금을 받지 못하고 사채는 일체 사용하지 않으면서 제1금융권과 제

2금융권의 금융으로 적잖은 소요자금을 조달하느라 쏟은 피로가 한꺼번에 날아가 버리는 순간이었다.

🏵 광림의 전문경영인 _

광림 20년 나의 계획은 사기업 하나(법적으로는 4개의 법인 기업이지만)와 공익경영 기업 하나를 창업하는 것이었다.

전반 10년에 아름다운 사기업 집단을 창조한 후, 후반 10년에는 내가 경영자가 되거나 내 가족이 경영을 이어가는 것이 아니라 전문 경영인에게 맡겨 전문 경영인 체제를 구축하고자 했다. 그런데 대주주인 내 전 지분을 공익경영 기업인 광림공사에 넘겼으므로 광림공사가 대주주의 역할을 해야 한다.

그러면 광림공사의 중요한 임무 중의 하나는 광림의 경영자를 선정하는 일이 될 텐데, 광림공사 설립 이전에 광림의 초대 전문 경영인 체제는 내가 준비할 수밖에 없다고 생각했다. 광림 안에서 선발하는 방법을 일차로 고려했다. 그러나 광림의 경영자, 특히 초대 경영자는 순수하게 객관적으로 밖에서 선정하는 것이 옳다고 생각되었다.

그러면 초대 경영자를 어디서 어떻게 찾아보아야 할 것인지를 고민한 끝에 내린 결론은 광림이라는 기업의 구조적인 특성상 과거도 현재도 미래도 투철한 애국심이 자질이나 능력보다 제일 먼저여야만 하겠다는 생각이 강하게 왔다.

그런데 애국이라는 것이 입으로 떠드는 것이 아니고 몸에서 배어 나와야 하고 태생적으로 애국이라는 환경과 교육이 영향을 미칠 텐데 교육 쪽에서 애국 교육을 받는 곳이 어디냐 하고 보니 일차는 사관학교라고 생각이 들었다.

그러나 경영은 또 다른 전문영역이니까 사관학교 교육을 받은 사람이되, 전문경영조직에서 경영자로 10년 이상 경력이 있는 사람 중에서 찾아보기로 하였다.

육사 나오고 현역에 있는 친구를 찾아가 진지하게 상의를 하였더니, 얼마 후에 육사 18기로 친구와 동창인데 일찍 제대하고 사회에 나와 국내의 중견기업에서 중역으로 10년 이상 경영에 참여했던 아주 훌륭한 사람을 추천 받았다.

그런데 본인이 한사코 사양하는 바람에 미국까지 가서 삼고초려 끝에 사장으로 모시게 되었다.

광림의 대주주 역할을 하게 될 광림공사 이사장에는 육사 12기 박정기 회장님을 모셨다. 나는 박 회장님께서 개인적으로는 육사 출신이 아니셨더라면 한국를 위해 더 큰 일을 하셨을 훌륭한 분이라고 생각하고 있다.

그런 과정에 나의 직함은 사장에서 잠시 회장이 되었다가 광림연구소의 소장으로 스스로 바꾸었다.

"광림 조직에서 내 자리는 원 안의 어디이던 점 하나를 찍으세요. 피라미드가 아니라 원이나 공 같은 조직이 내가 원하는 조직이므로 그 안의 아무 데나 점 하나 찍으면 되요. 그것도 20년의 봉사가 끝난 후에는 광림을 떠나고 없어질 점 한 개입니다. 나는 경영자의 자격이 없어요. 창업자일 뿐입니다."

지금까지 광림이라는 새로운 기업, 새로운 사회의 창조는 내가 했지만, 엄밀한 의미에서는 경영은 아니었다. 경영진에게 진심으로 부탁했다.

"이제부터는 당신들이 책임지고 광림의 경영을 맡아 주세요. 나를 보지 말고 하고 싶은 대로 하세요. 단 한 가지만 잊지 말아 주세요. 광림은 시작부터 뜻으로 이루어진 사회이고 여러분도 그 뜻에 동참한 사람임을 기억하여 주시면 돼요. 비즈니스를 여러분이 합니다. 지금껏 10년 동안 회사의 규정 하나도 없이 왔는데 필요하다면 규정도 만들고 마음대로 하세요."

그러나 안타깝게도 광림의 초기 전문 경영진에게 경영 인계는 성공적으로 이루어지지 못했다. 내가 새 경영자에게 진지하게 물었다.

"일을 하려면 적극적으로 들어와서 조직관장을 해야 하는데, 왜 조직 안으로 들어오지 않고 밖에서 빙빙 돌기만 하세요?"

이런 대답이 돌아왔다.

"아무리 들어가려 해도 몸이 말을 듣지 않아요. 꼼짝을 못 하겠어요."

🖋 무주공산이란 이런 상태인 것인가 _

평소에 날 보고 참으로 헷갈리게 하는 사람이라고 얘기하는 사람들이 많다. 분명히 기업인 장사꾼인데 저 사람이 지금 하는 얘기를 믿어야 하나. 믿자니 믿기엔 너무 솔직한 데가 있고, 믿지 않자니 너무 진지하고 그래서 헷갈린다고들 한다.

KAIST 졸업하고 광림에 입사해서 5년 동안 근무한 유동희 부장은 가족과 같이 스웨던 히아브에 가서 일 년 기술연수를 다녀온 사람인데 이렇게 이야기를 하고 미국 유학을 떠났다.

"회장님은 정말 너무 편안한 사람이에요. 처음에는 대단히 헷갈리고 어려운 시간이 있었지만, 회장님 말씀을 보태거나 빼지 말고, 다시 말해 저 말 뒤에 무슨 복선이 있을까 사업하는 사람이 저런 소리를 해도 되나 등, 사족을 붙일 필요가 없는, 말의 액면 대로를 믿어주면 되는 사람임을 알았어요. 그 후에는 회장님이 이 세상에서 제일 쉽고 편안했어요."

내가 광림 안에 있는 동안에는 다른 사람이 들어올 수 있는 마당이 형성되지 않는다는 현실을 알지 못했다. 그 점을 알았다면 광림조직의 어딘가에 원 안에 있는 점이 아니고 원 자체를 떠나줘야 했나 하고 뒤늦게 깨달았다.

그리고 그런 일들이 벌어지고 이런저런 일을 겪으며 꿈의 완성을 이루지 못하고 나는 광림을 떠났다.

▌「새 생활 운동, 바른 경제 동인회 기업인, 일요대화」(조선일보, 1993년 4월 4일)

6부 광림의 주인은 여섯

광림신화창조 _

'우리는 알고 있습니다. 우리만이 편안하고 우리만이 즐길 수 있는 그런 길은 애초에 없다는 것을 알고 있습니다. 우리 가족, 우리 고객, 우리의 모든 이웃이 편안하고 즐거워야만, 비로소 우리도 편안하고 즐거울 수 있다는 것을 알고 있습니다.' 이렇게 시작되는 경향신문 1989년 10월 3일 자 사회면 톱기사의 표제는 '광림 신화창조'였다.

광림 신화창조라는 얘기는 그 전 해에 한국경영학회에서 먼저 나왔다. 한국과 일본 경영학회에서 양국의 모델중소기업을 하나씩 선발하여 양국 비교연구를 공동으로 진행한 일이 있었는데, 그 결과로 광림 신화창조라고 했다고 한다.

광림의 첫해 매출이 1981년이다. 1980년에는 교육, 훈련, 법제도, 시설투자 금융 등 회사 초기에 필요한 것을 준비하느라 매출이 없었다. 1981년에 매출 1억 8천만 원이던 것이 1991년에 700억 원이 되었다.

매년 갑절씩 그것도 10년 연속 갑절의 연속이었다. 그것은 겉보기에는 매우 좋은 것으로 보인다. 그러나 경영으로 보면 큰일이다. 한두 해면 모르겠는데 매년 매출이 배로 10년간 증가를 계속해 버리면 감당을 할 수 없다.

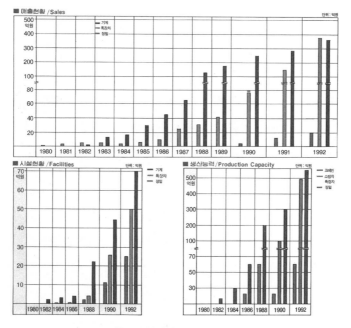

● 1980년~1992년 광림의 매출, 시설, 생산능력 변화 (광림 팸플릿)

　　그 감당 못하는 첫 번째로는 계속되는 신제품 개발과 신시
장 개발에는 손익분기점break even point, BEP까지 시간이나 선
행투자가 들어가야 하는데 그것을 10년 동안 강행했다. 이게
도대체 무슨 얘기냐. 무슨 재벌이나 대기업에서 다른 큰 돈주
머니가 있어서 '그래 좋다. 초기 투자는 당연하다'고 자금을
밀어 넣고 매출을 올리는 것과는 다른 이야기이다.

하지만 광림의 경우 내가 맨손으로 시작했다. 때문에 금융도 금융기관의 신용금융으로 조달되었다. 그런데 어떻게 해서 10년 연속 더블 업consecutive double up을 할 수가 있나. 그런데도 10년 동안 광림이 매년 연속 두 배씩 성장해 온 것을 가지고, 광림 기업의 내외 경영상황을 합동 연구 분석한 결과 경영학회에서, '경영 신화다. 신화 창조다'라고 했다.

돈을 버는 것과 아름다운 기업을 만드는 것 살맛나는 세상을 만들고자 하는 일이 다른 것이 아니라고 믿고 모두와 함께 해온 일이 틀리지 않았다는 증거가 아닐까 생각한다.

미국의 볼링그린 경영대학 학장도 경영대 교수들을 위한 나의 특강 프로그램을 만들자고 했다.

미국 그로브의 딕이나 잭이 광림에 들어온 것도 그렇다. 그 사람들이 어디 보통 사람들인가. 나는 미국에 장사 이야기를 하러 갔는데, 그들은 오히려 한국의 나와 광림을 선택해 광림 얘기를 이루는데 동참하기 위하여 인생을 바꾼 것이다.

히아브나 파텍그룹같은 세계적인 기업이 볼보 승용차를 광림 10주년 행사 선물로 들고 왔다. 상법이나 국제법상 상식에도 맞지 않는 합작회사를 정의하고 제안했는데도 "당신 이야기가 맞다. 이해하고 존중하겠다"라고 해주었다.

이탈리아 모로 사의 사장 아들이 석사 학위 논문을 한국 광림 현장에 와서 광림의 경영 얘기를 쓰겠다고 한 학기 동안 광림에 와서 같이 생활하며 논문을 완성한 일도 그런 맥락이다.

중국 합작 이야기나, 대만 소방차, 청소차 수출 이야기도, 일본 이야기나 필리핀 이야기도 다 그런 맥락이 아닌가.

☙ 기업은 인간이 근간에 있는 종합예술품 _

사농공상士農工商에서 장사는 제일 마지막이다. 장사꾼의 말을 어떻게 믿느냐고 한다. 말하자면 제일 밑바닥이 장사이다. '돈만 벌면 되지. 처자식 잘 먹여 살리면 돼'인 것이다.

그렇다. 하지만 그것만이 전부는 아닌 것 같다. 그것이 기업의 본질이라고만 생각하고 거기에 머물면 맥시멈 프로피티어링maximum profiteering이 지배할 수밖에 없고, 결과는 우리 경제뿐만 아니라 세계가 혼란 속에 빠질 수 있다.

그런데 지금 우리 기업 판이나 경제 판이 잘못되지 않은 것일까? 인류사회에 기업의 출현은 역사가 300년 미만이지만, 장사는 인간의 역사와 같이하고 있는 극히 자연스런 인간의 한 생활영역이다. 우리들의 인식과 상식, 개념, 정의가 부족했거나 노력이 부족했을 뿐이지 생각을 고치면 장사를 예술로 승화시키지 못할 게 있는가.

　예술은 아름다운 것이다. 아름다움이란 우선 감각이다. 눈에 보기 좋고, 귀에 들리는 게 좋고, 좋은 향기, 찬란한 빛, 그런 감각적인 느낌인데, 감각으로만 끝나는 게 아름다움의 전부는 아니다. 인간과 인생에도 내면의 아름다움이 있다. 인간이든 일이든 그 내면의 아름다움이란 선善함으로 시작된 그 어떤 실천에 관계되는 사람이 느끼는 공감과 감동이다.

　'아, 좋다. 아, 아름답다. 아, 의미 있다. 아, 가치 있다.' 이렇게 공감할 적에 그게 아름다움이다. 하지만 아름다움은 단순히 아름다움으로 끝나는 게 아니다. 아름다움을 바탕으로 해서 어떤 가치를 지향하는 실천과 노력으로 이루어지는 결과가, 인간의 노력, 가치 추구가 실천 노력에 의해 실행되는 그것이 바로 예술 작품이다.

　기업의 근간은 어디까지나 인간이다. 그 이야기의 중심은 인간 이야기가 본질이 되어야 한다는 말이다.

　인간은 첫째, 존귀한 생명이다. 또한 인간 공동체인 사회 역시 생명이다. 그 사회가 경제적 방법이나 경제적 관계로 만나서 곧 기업이 된다. 그렇기 때문에 기업도 인간의 생명문제처럼 얼마나 지속하느냐 못지않게 얼마나 즐겁고 행복하고 활

기차고 의미 있게 살아가느냐 하는 게 그 생명사상이다.

두 번째는 인간이 인간다운 건 인품과 인격을 가졌기 때문에 동식물과 차이가 나는 것이다. 동식물도 모두 살아있다. 그런데 동식물과는 달리 인간에게는 인격이나 품격이라는 것이 있어 영장이라는 소리를 듣는다.

기업은 개인 한 명이 아닌 두 사람 이상이 어떤 목적과 수단을 가지고 사회를 꾸린 것이다. 그렇기에 인간의 인격과 기업 사회의 법인격이 맞물려 새로운 인간 사회, 좋은 세상을 만들어가려고 노력해야 한다.

❦ 거종망야(擧踵望也)

한문 대옥편에 기업企業을 찾아보면 기企는 거종망야擧踵望也라고 한다.

거擧는 빼낸다는 의미이다. 종踵은 사람 다리의 종아리를 말하고 망望은 앞 내다본다는 뜻이다. 다시 말해서 종아리를 빼 치켜들고 까치발로 이렇게 앞을 내다보는 자세가 기업의 기企자이다. 안 보이니까 빼 들고 보겠다는 것이다.

업業은 첫 번째 뜻이 사야事也이다. 일이라는 것이 장난하듯이 하는 게 아니란 말이다. 두 번째 뜻이 급야岌也이다. 중국산수화를 보면 땅에서 갑자기 솟아 위태한 모양으로 서 있는 산이 있다. 그것이 급이다. 위험하다는 뜻이다. 인생을 걸고 하는 것이라는 뜻이다. 그다음이 경야敬也이다. 존경받는다는 뜻이다.

앞이 보이지 않는 것을 온 마음과 정성으로 모든 지혜를 모아 보이지 않는 앞을 꿰뚫어 보며 위험한 고비들을 넘기며 이루어 가는 것이 기업이라는 것으로 그것을 다 넘어서서 나오는 것은 존경스러운 것이어야 한다.

그리고 일은 혼자서 하는 게 아니다. 어떤 관계로 맺어졌느냐만 다를 뿐, 공동체 조직에서 한다. 같이한 사람들이 '아, 참 잘했다. 보람 있다. 아, 존경스럽다.' 스스로 그렇게 느꼈을 때 바로 기업企業의 업業인 것이다.

❦ 기업의 주인은 여섯 _

현실적으로 기업에서 '주인'이라고 할 때, 주인은 한 사람이거나 한 패밀리 그룹이다. 나머지는 모두 피고용자이거나 거래상의 객체일 뿐이다. 창업자나 대주주만 주인이고 경영자나 사용자, 종업원 모두 고용계약에 의한 피사용자라는 것이다. 이것은 말이 안 되지만 현실적인 상식이다.

≪주역周易≫의 「택화혁澤火革」에 괘卦의 의미는 판을 바꾸는 것이다. 때문에 지금까지의 상식과 판을 바꾸어야겠다는 강렬한 열망이 솟아올랐다. 사용자와 주주가 주인의 전부가 아니라면, 기업의 주인에 관한 정의를 어떻게 하면 좋겠는가.

'기업의 주인'이 누구냐를 이야기하려니까 '기업이 뭐냐?'라는 문제에 부딪혔다. 기업의 본질이 뭐냐? 그것은 바로 '법인격과 생명'이라는 것이다. 인간은 생명이고 존엄한 존재이며 인격이다. 인격이 없으면 동물이지 무슨 인간이겠는가? 기업도 본질 이야기를 하면 꼭 같은 것이다. 생명과 법인격이다. 왜냐 하면 기업이라는 것은 경제적인 수단과 목적을 가지고 사람이 살아가는 공동체 사회이기 때문이다.

법적인 요건을 갖춰 법에 등재하면 법인이 탄생한다. 기업이라는 하나의 법인생명체가 탄생된 것이다. 그다음에 기업이 되자면 법인격을 갖추어야 한다. '영혼 없는 괴물'이 되어버린 기업은 기업이 아니다.

'법인격과 생명'이 기업의 본질이라고 하면 그 기업에 절대적인 책임을 갖고 절대적인 영향을 미치는 주체가 바로 주인이다. 기업은 경제적인 목적을 갖고, 경제적인 활동을 통하여 경제적인 결과를 만들어 내는 경제단위이다. 그것에 근거하면 기존의 상식에 의한 주인(대주주)과 함께 경영자와 종업원이 기업의 주인이 되어야 함은 너무나 당연하다.

그런데 기업의 생명과 법인격에 영향을 미치는 실체는 기업의 밖에도 존재한다.

첫째는 고객이다. 기업은 생산한 재화나 서비스를 고객에게 제공하고 반대급부를 받는다. 고객 편에서 보면 기업이 잘되고 못 되는 것, 죽고 살고는 고객이 결정한다.

둘째는 관계인과 관계기관이다. 기업의 경쟁력은 관계회사나 관계기관의 협동체제 하에서만 생긴다. 그러나 작금의 사회는 이런 관계를 하청회사라며 갑과 을의 테두리에 가두어두고만 있다.

셋째는 관심인이다. '그 기업 들어본 것 같아'부터 '그 사람 이야기에 내 목을 내어 줄게'까지 있다.

이렇게 밖으로는 1.고객과 2.관계인 및 관계기관, 그리고 3.관심인 이렇게 세 그룹이 있다. 안에 있는 4.대주주와 5.경영자, 그리고 6.종업원 세 그룹을 더해 모두 여섯 그룹이 기업의 주인인 것이다.

그래서 광림의 주인은 6자라고 하였다. 광림 6자론은 기업 이론의 종합이요 나아가 공동체 이야기이다. 공동체는 협력이다. 공동체 속의 각자가 역할을 성실히 수행해서 전체 사회의 협력 공동체가 되는 일이다. 어느 것 하나 빠지면 안 된다.

❝ 공동체의 협력이라는 것은 전제가 있다 _

공동체는 첫 번째 각 요소들이 독립적이어야 한다. 독립이란 정치적 용어만이 아니고 모두가 독립적인 존재가 되어야 한다. 어느 누가 누구에게 예속되어선 안 된다.

두 번째는 평등해야 한다. 많이 가졌거나 적게 가졌거나 키가 크거나 작거나 절대적인 평등이 이루어져야 한다.

세 번째는 상호 존중이 있어야 한다. 우리는 역사적으로 한 방향 일방으로만 존중을 강요하는 시대에 살아왔다. 상호존중으로 이루어진 전제 하에서 공동체가 가능하다.

네 번째는 독립, 평등, 상호존중 바탕에서 나오는 협력이어야만 진정한 협력공동체가 가능하다.

예술은 자연이 아니다. 자연을 보고 누가 예술이라고 하던가. 인간이 가치추구를 위해 노력한 결과물을 작품이라고 한다. 그래서 기업의 정의를 기업철학에서 인간종합예술품이라고 했을 때, 그 인간종합예술품이 바로 사회라는 것이다. 다시 말하면 경제적인 선한 뜻을 가지고 가치추구를 실천해서 나온 결과가 기업이어야 한다. 그런 기업이야말로 예술품이라고 본 것이다.

그런 기업을 꿈꾸며 광림을 시작했다.

❧ 광림 6자론 _

우리 동네에 한화콘도가 있어서 산책로를 자주 이용하는데, 봄, 여름, 가을, 겨울 사계절의 변화와 함께 숨 쉬는 자연이 너무나 아름다워 항시 감탄과 즐거움에 감사하고 있다. 그런데 걸으면서 생각해 보면 콘도의 등기부에 등재된 주인은 아마도 일 년에 한 번만이라도 와서 즐겨주었을까?

이렇게 아름답게 가꾸어 주는 직원도, 찾아주고 이용하는 손님도 이런 아름다움을 즐기고 감사하고 있다면, 즐기는 사람이 주인이 아닐까. 뿐만 아니라 거래 조건 없이 그냥 즐겁게 지나가는 나 같은 사람도 즐겨주고 있다는 사실만으로 다함께 주인이 아니겠는가. 때문에 콘도의 등산길을 오를 때 가끔 전지가위를 챙겨 들고 사람 다니는 길에 위험하게 튀어나온 나뭇가지를 전정하며 다닌다.

❚ 「모든 주식 종업원에, 주식 없는 기업인」(서울신문, 1993년 4월 18일)

기업을 움직이는 것은 경영이다. 경영자는 매우 중요하다. 그런데 경영이란 화두에 전제해야 하는 것은 경쟁력이다. 기업은 경제적으로 자전을 해야 한다. 돈을 벌어야 한다. 돈을 못 벌면 죽고 의미가 없다. 돈을 벌고 재무구조를 튼튼히 만드는 것은 모두 경쟁력에서 나온다. 이것이 경영이고 경영자의 책임이다.

　대외 경쟁력을 갖추기 위해 열심히 투자해서 기술개발을 했다고 하자. 그런데 경쟁업체가 공정하지 못하게 내부와 결탁 매수해서 공들인 기술과 노하우를 빼 나갔다고 하면 양쪽 제품은 같을 수밖에 없다. 연구 개발에 투자해서 기술을 하나 만들려면 적어도 수억 원이 들어간다. 거기에 비해 기술을 빼가는 데는 십 분의 일이나 백 분의 일만 투자하면 된다. 이제 똑 같은 물건이 양쪽에서 나왔다. 빼 간 쪽은 수백만 원을, 원래 기술을 연구 개발한 회사는 수억 원을 투자한 제품이라면 어느 쪽에 더 경쟁력이 있겠는가. 기업의 기술개발 투자는 코스트cost가 중요한 팩터factor이다. 훨씬 적은 코스트가 들어갔으니 당연히 빼간 쪽의 경쟁력이 우위에 있을 것이다.

　그런 일이 일어나지 않도록 막아주는 역할이 어디일까? 일차는 경비가 아닌가. 수위실의 경비는 들어오고 나가는 물자와 인원을 관리한다. 들어오고 나가는 물자와 인원 관리에서 부터, 심지어 그 회사의 연구개발 노하우 기술이 유출까지 감시 관리해야 한다. 경비를 맡고 있는 사람들 역시 기업이 살고 죽는 문제에 책임이 있는 역할을 하고 있다.

식당의 아줌마가 얼마나 건강한 식단을 정성껏 만들어 주는지가 기업가족들의 건강에 영향을 주며, 가족들의 건강한 체질은 우리들의 경쟁력을 올려준다.

회사 내의 각 부문에서 역할을 분담하는 것이 사원조직이다. 경영은 경영자의 전문부문이다. 창업, 설립하고 회사의 최종의사 결정을 대주주는 이사회를 통하여 맡는다. 그렇게 해서 대주주, 경영자, 사원 이 세 그룹이 기업의 생명을 책임지는 사람들이다.

그런데 이 사람들이 주인이 아닌가? 고용자와 피고용자, 사용자와 피사용자로 갈라놓고 있는 상식이 옳은 것인가? 그래서 이 세 그룹이 모두 기업 내부의 주인인 것이다.

뿐만 아니라 안에 있는 사람들만 기업의 생명과 법인격에 대한 책임이 있는가? 그렇지 않다. 기업 안에만이 아니고 기업 밖에도 세 그룹이 있다.

첫째 고객이다. 고객이 광림이라는 기업에 대해서 얼마나 역할을 하고 있을까?

고객은 커스토머customer와 클라이언트client로 대별할 수 있다. 커스토머는 그냥 필요해서 진열된 상품 중에 단순히 골라 대금을 지불하고 사는 사람이다. 기업이 생산하는 제품을 서비스이든 제품이든 그것을 사용하는 사람으로 단순 고객이다. 클라이언트는 서비스나 제품 필요 소요가 생겼을 때, 먼저 이게 어느 기업 어느 회사 제품이냐를 생각한다. 그 제품을 써 본 적이 있는 것은 말할 것도 없고, 심지어 안 써 보았더라도 "어, 이거 광림 제품이야?" 하면서 어렵지 않게 선택한다. 당연히 광림 제품을 쓰려고 대금을 지불하고 선택하는 사람들이다. 성공적인 기업이 되려면 커스토머보다 클라이언트를 얼마나 더 많이 확보하느냐가 중요하다.

다음 두 번째는 금융기관이나 협력회사 등 사회적인 관련 산업과 기관, 즉 관련인과 관련기관 그것이다.

한 기업이 제품이나 서비스의 복잡하고 기술적인 부분을 전부 안에서만 만들지 못한다. 그러기에 부품, 부분품, 기술, 특허, 컨설팅, 경영 문제까지도 밖의 관련된 사람, 조직, 기관과 협력 및 협동관계가 이루어져야 한다.

협력업체가 납품한 부품 중에 2급짜리 나사못 하나가 끼어 있었다면 아무리 좋은 제품이라도 그 나사못 하나 때문에 신뢰를 잃게 된다. 그들 역시 기업의 생명을 책임지고 있는 기업의 중요한 가족 구성원인 것이다. 그런데도 우리는 관련 업체와 산업을 하청업체라고 하고 갑과 을의 관계로 인식한다.

이상 내부의 세 그룹과 외부의 두 그룹은 약속과 계약, 그리고 조건과 반대급부로 서로 맺어진 관계이다. 그러나 그 조건이나 반대급부는 약속과 조건일 뿐이지 주인과 종속관계를 만드는 것이 되어서는 안 된다. 생명과 인격은 팔고 사기에는 너무나 존엄하고 존귀한 것이기 때문이다.

마지막으로 여기 외부의 세 번째, 전체로 여섯 번째 주인이 있다. 관심인이다.

그들은 광림과 계약관계도 없고 어떤 약속한 바도 없다. 그들은 광림 제품도 모르고 제품 관계 내용에도 관심 없다. 그러나 광림 사회에 관심을 가지고 있는 사람들이다. 길에 자주 다니는 광림의 빨간 크레인을 포함한 빨갛게 칠한 특장차들이 보이면 관심을 가지고 그것을 발견하는 사람들이다. 이분들이 관심을 가지니까 그 영역이 시야에 들어왔던 것이다. 관심이 없으면 보이겠는가. 그냥 스쳐 지나고 말 것이다.

'광림, 어, 그 회사 들어본 것 같아.' 그것이 관심의 시작이다.

뭔가 머리에 입력이 되어 있다는 말이다. 머리나 가슴에 입력되어 있다면 나름대로 이유가 있을 것이다. '좋은 기업인 것 같다', '저런 기업 잘 되었으면 좋겠다', '정말 감동받았다' 이런저런 각자마다 이유가 있을 것이다. 그 반대도 마찬가지다.

예를 들어 광림 제품을 필요로 하는 친구 옆에 그 관심인이 있다고 하자. '이거 광림 것을 살까, 재벌 제품을 살까'하고 친구가 고민하고 있다. 몇 천만 원, 몇 억 원짜리 중기 제품을 사면서 고민 안 하는 사람이 세상에 어디 있겠나. 그 사람과 관심인이 서로 간에 믿음으로 오가고 신뢰하고 있다면 상의를 할 것이다. 왜냐면 외로운 결정을 하는 것은 고독이니까.

"내가 이 제품을 알 리가 없지만 광림이라는 회사 좋은 회사인 것 같아." 관심인은 대단히 어려운 고민 중에 있는 친구에게 결정하도록 용기를 불어넣어 준다. 관심인은 친구에게 광림 고객이 되기를 은근히 권유하게 된다. 그러면 친구인 고객은 광림의 제품을 쓰겠다는 어려운 결심을 하게 된다.

몇 천 원짜리 몇 만 원짜리면 선택이 쉽다. '한 번 써 볼까?' 그것은 어렵지 않다. 광림 제품의 가격은 수천만 원에서 수억 원대의 중공업 제품이다. 그 제품이 재산목록 1호가 되는 자영업자들도 많다. 그러한 비싼 제품을 사면서 어떻게 이름도 들어볼까 말까 한 중소기업 광림의 제품을 살까. 확실히 믿을 수 있는 삼성, 현대, LG, 대우 등 한국 유수 재벌이나 대기업의 중공업처럼 확실히 인지도가 있고 믿을 수 있는 것을 사야하지 않겠는가.

그러나 고객들은 다수가 광림의 제품을 선택해 주었다. 고객들이 광림 것을 사고 써 주었기 때문에 한국 재벌들의 제품 경쟁에서 한 번도 져 본 적 없는 성과를 이루어냈다. 이것이 가능했던 이유 중의 하나가 광림의 관심자이다.

그 관심 중에는 꼭 제품 문제만이 아니다. 기업하는 데 해결해야 할 많은 문제가 있다. 사회관계 문제에서부터, 협력 기관과의 문제, 정부와의 문제가 있다. 풀어야 할 문제가 국내에만 있겠나. 해외에서도 마찬가지다. 해외에서 광림으로 온 외국인 두 사람이 광림의 내부 기술 문제나 해외 시장 진출 문제에서 지대한 공헌을 해주었다.

광림의 성공 이야기에는 곳곳에 수많은 관심인들의 이야기가 들어 있다. 광림이 처음 기업을 시작할 때 해결해야 할 문제가 산적해 있었다. 문제를 풀지 못해서 나 혼자 고민했다. 기업을 하자면 헤쳐 나가야 할 장벽이 하나둘이 아니다. 법도, 제도도, 관행도 안 맞으니 그걸 풀어야 한다. 그때마다 주변

요소요소에서 관심인들의 도움이 결정적이었다.

"윤 아무개의 말을 한 번 들어 봐", "저 친구에게 어려운 문제가 있다는데 들어봐 줘", "저 친구 이야기 좀 들어 봐. 부탁하는 게 아니야. 이야기를 들어봐 주라는 거야. 옳고 그르고 이고 아니고 그 판단은 당신이 해."

기업을 하다 보면 관행도 바꾸고, 제도도 바꾸며, 때에 따라서는 법도 바꾸어야 한다. 이럴 때 "당신이 들어보고 이유가 있거나, 제도도 바꿀 필요 있다거나, 법도 바꿀 필요가 있다고 생각되면 당신이 결정해. 만일 그 바꾼 것 때문에 당신 목이 날아간다면 먼저 내 목을 써." 그렇게 도와준 사람들이 한두 사람이 아니다. 그 사람들은 광림이라는 회사와 약속과 계약 관계가 아니며, 반대급부 조건과는 아무런 관계가 없다. 그런데 그 사람들은 광림의 일을 해결하는데 목을 갖다 바쳤다.

이 대주주, 경영자, 사원, 고객, 관계인 및 관계기관, 그리고 관심인의 여섯 주인이 있기에 광림이 있을 수 있었다.

내가 회고록을 얘기하면서 고민이 있었다. 사실만 가지고 회고록을 쓸 텐데, 구태여 박 아무개 김 아무개 하며, 칭찬이든, 목을 댄 사람이든 이름을 거명할 필요가 있겠나? 그런 일이 있었다는 사실만 밝히면 되지 않겠나?

그것은 내가 모두 다 알지 못하지만 나도 모르게 광림 일을 도와준 사람들이 사회 곳곳에 무수히 많이 있었음을 깨닫고 있기 때문이다. 나하고 서로 만난 적도 서로 인사를 나눈 적도 없지만 그런 공감, 소통을 해 왔다면, 구태여 박 아무개 김 아무개에게 국한할 필요가 있겠는가. 그들이 왜 주인이 아닌가. 주인다운 사람이 주인이다. 집에 불이 났다. 겁이 나 도망가는 사람, 불구경하는 사람, 물 도가니를 들고 불 끄려고 불 속에 뛰어드는 사람 세 사람 중에 누가 주인인가.

기업에서도 고용인과 피고용인, 그런 개념 설정 자체가 맞지 않는다. 이 사회의 주인은 누구인가. 그 구성원 전원, 각자 사회 속에서 자기가 하고 있는 분야의 역할과 책임을 다하고 있는 사람이 사회의 주인이다. 특정 분야와 특정 역할만 주인이란 법은 없다.

오늘 우리 사회의 노사문제는 경제사회가 태어나 성장해 가면서 초기 단계에 거쳐 가는 과정일 수는 있어도, 거기 머물면 본질 문제를 훼손하는 큰 오류를 범하게 된다. 지금 우리가 판을 바꿔야 하는 역사적 과제 앞에 서 있다. 본질을 다시 짚어 봐야 하는 이유다.

7부 광림의 주인들

☞ 기름 빼재기와 존경받는 기사 _

1980년 '광림산업'으로 첫 사업을 시작할 때, 서울에서 택시 200~300대로 운수업을 크게 하던 지인이 내게 말했다. 교통부에서 과장으로 재직하다가 나온 사람으로 내가 중기 사업을 시작하려고 준비한다니까 나름대로 충고를 했다.

"중기 기사란 운수업 기사와 같은 맥락입니다. 기사는 기름 빼재기횡령 버릇을 갖고 있으니 아예 조심하세요. 그들은 오랫동안 몸에 밴 악습을 가지고 있기에 단순하게 기름 빼재기라 보아야 합니다. 기사를 믿지 말고 처음부터 혹독하게 다루어야 합니다."

원목야적장에서 원목을 상차하는 중기 기사는 제재소 사장들한테 돈봉투 받는 것을 관례로 알았다.

그러나 나는 광림 기사 1기부터 '광림의 기사 여러분이 기름 빼재기가 아니라 존경받는 사람이 되도록 하겠다'고 선포했다. 때문에 항상 교육의 1차는 기사들을 보고 돈 받지 말라는 것이었다.

"당신들은 기름 빼재기가 아니에요. 존경받는 사람, 존경받는 기사, 존경받는 광림의 작업복을 입은 기사 가족입니다. 닦고 조이고 기름 치고 기본을 철저하게 지키는 것이 먼저요, 중간은 같이 살아가면서 공부하면 되고 마지막은 돈봉투 받지 말아야 해요. 그거 봉투 받아 보았자 술값밖에 안 돼요. 당신들 인생에 크게 보탬이 되는 게 없어요. 광림 기사는 일반적인 기름 빼재기가 아닙니다. 광림의 작업복을 입은 광림의 기사는 기름 빼재기가 아니고 우리 사회에서 존경받는 특별한 사람들이 되어야 해요."

나도 광림 1기 기사와 함께 광림의 작업복을 입고 광림 일을 시작하였다. 광림은 기사 사회라고 선포하였으니까. 해외 출장 때와 청와대 등 행사에 들어갈 때에 예외로 넥타이를 매고 정장을 한 것 외에는 은행장실에 들어갈 때나 장관실에 들어갈 때에도 언제나 광림의 작업복을 입었다.

"그러면 우리가 사장님 시키는 대로 할 텐데, 10년 뒤에 우리는 어떻게 됩니까? 기름 빼재기 안하고 광림 작업복을 입고 돈 봉투도 안 받고 그렇게 살면 어떻게 되느냐고요."

누군가가 물었다. 나는 이렇게 대답을 해줬다.

"10년 후 당신은 기사로서 자가용을 타고 작업 현장에 출근
해서 차를 세워놓고 당신의 중기를 몰다가 작업이 끝나면
다시 자가용을 타고 집으로 돌아가는 광림의 기사가 될 겁
니다."

그랬더니 모두 픽하고 웃어버렸다. 그 시절에는 기사가 자
가용을 탄다는 것은 상상도 못 했다.

"에이, 설마, 자가용을 타다니요. 에이, 그래요. 그거 농담으
로 하시는 겁니까?" 그런 반응들이었다.

요즈음 중기 기사들이 얼마나 잘사는가. 수년 전 어느 날
전직 광림 기사들이 BMW를 타고 와서 나를 모신다며 한창
폼 잡고 나 보고 드라이브시켜 준다며 호들갑을 떨었다.

"거 봐. 내가 말한 대로 자네가 자가용 타고 왔잖아."

내 말에 신이 나서 인천 해안선으로 드라이브도 하고 횟집에 가서 생선회 한 번 거창하게 샀다.

물론 그렇게 외제차를 타는 사람도 있고 현재 나보다 더 가난한 사람이 있을 수도 있지만, 일단 그 사람들이 좋은 아파트에 살고 자식 교육 잘 시키고 외제차 타고 다니니 보기만 해도 얼마나 좋은지 모른다.

아무튼, 그렇게 중기를 시작한 지 몇 년도 되지 않았는데 인천 제재단지에 꽤 큰 제재공장을 하는 대학 선배가 칭찬했다.

"당신 정말 복이 많은 사람이요. 어디서 저렇게 좋은 사람들을 구했어요? 새파랗게 젊은 사람들이 인사성 바르지, 성심성의껏 제 일처럼 즐겁게 일을 하지, 거기에 돈봉투도 받지 않지, 세상에 이런 중기 기사가 어디에 있을 수가 있는지, 정말 젊은 기사들이 존경스럽기까지 해요."

❝ 돈을 소쿠리에 담아두고 출근부는 없고 _

광림은 초기부터 반월공장 시절까지는 사무실에 돈을 소쿠리에 넣어두고 필요한 비용을 갖다 쓰게 했다. 지불증을 써놓고 현금을 꺼내 가지고 가서 쓰고 남으면 다시 소쿠리에 넣게 했다. 꽤 오랫동안 이 방법대로 지출 경비를 썼다.

기업은 합리성 위에서 경제성도 나온다. 그런데 그 합리성이란 과학적인 뒷받침이 있어야 한다. 물론 과학적인 것이 바로 합리성은 아니다. 다만 과학적인 것이 합리성을 뒷받침하고 그 위에서 경쟁력이 나온다. 그런 경쟁력이나 합리성이나 과학적인 데는 그 밑바탕이 있다. 그 밑바탕에는 인간 존중, 상호믿음을 전제해야 한다.

매스컴에서는 광림에 대해 '출근부가 없다. 출퇴근이 마음대로다. 자유다'라고 했다. 그것은 맞지 않는다. 출퇴근이 마음대로인 회사가 어디 있겠나? 질서가 있어야지. 굳이 말하자면 출퇴근 문제를 왜 출근부를 가지고 하느냐 그런 게다.

광림에는 출근부가 없다. 그런 일이라면 매스컴이 틀리지 않았다. 하지만 출퇴근이 마음대로 다? 그것은 천만의 말씀이다. 먼저는 시간을 자율로 정했다. 예를 들어 서울 사무소의 경우나, 부산 사무소, 공장에 따라 사정이 다르지 않겠나. 광림 중기부가 가장 먼저 출근을 한다. 직원들에게 각자 각 부서에서 출근 시간도 퇴근 시간 정하게 해 정한 건 스스로 지키도록 했다.

그런데 시간을 지키는 데 꼭 도장 찍고 사인하고 그래야 되느냐. 서명하고 도장 찍는 일도 시간이다. 그러니 거기에 얽매일 필요 없다. 30분 먼저 온 사람도 있고 한 시간 일찍 들어온 사람도 있고 그럴 텐데 건드리지 말라고 했다.

"늦은 사람에 대한 통계를 내면 백 명에 한두 명도 안 되는데, 그 한두 명만 왜 늦었는지 이유가 공적인 일인지 사적인 일인지 구분만 하면 될 게 아니요? 정시 출근한 사람들에게 일일이 출근 카드 내고 사인하라는 게 맞지 않아요."

단 부서마다 스스로 정한 오전 8시나 9시에 늦은 사람은 사유가 있을 게 아니냐. 그 사유를 인포에 스스로 신고하고 기록하면 되지 않겠느냐. 그게 외부에서 볼 적엔 광림에 출근부가 없다거나 출퇴근 시간이 없다는 걸로 비쳤던 것 같다.

광림조직 상 전국에 4~5명 단위 영업사무실부터 백여 명의 공장까지 16개 정도의 단위 집합체가 있었다. 예를 들어 서울 사무소에는 사오십 명의 직원들이 있었다.

"각 단위마다 인포메이션을 정하세요. 그 사람의 업무 책임은 우리 광림이라는 사회, 광림 내에 공장이면 공장, 서울 사무실이면 사무소에서 소통을 원활히 하는 일을 업무 분장에 넣으세요. 그중 인포 서비스 담당 직원을 정해서 그 사람의 중요한 일이 소통이니까, 전화통신 들고 나는 것, 우편물을 들고 나는 것, 사람이 들고 나는 것과 안내를 맡아요."

🐛 광림에는 노조는 없고 불불조가 _

광림에서는 신입사원 교육 말고도 일 년에 두 번씩 전체 사원을 대상으로 교육을 했다. 1980년대 후반 노사 갈등으로 한국 사회가 시끄러울 때였다. 1987년 인천관광호텔 강당에서 교육을 하기 위해 모인 자리에 들어가면서 내가 말했다.

"여러분! 내가 먼저 구호를 외칠 테니까 여러분은 나를 따라 하세요."

다들 의아해서 귀를 쫑긋하고 있었다. 내가 욕설 섞인 구호를 크게 외쳤다.

「이런 회사도 있다. 출퇴근시간도 결재도 사원들 자율」(경향신문, 1985년 5월 2일)

"윤창의 사장, ×××이다!"

조용하다.

"나를 따라 구호를 외치라고 하지 않았습니까?
윤창의 사장, ×××이다!"

그래도 따라하지 않았다. 다시 외쳤다.

"윤창의 사장, ×××!"

내가 그렇게 외치고 직원들을 보지 않고 눈을 천정으로 향
했다. 그랬더니 몇몇이 쭈빗쭈빗 말했다.

"윤창의 ×××!"

그래서 내가 말했다.

"그래 되었잖아요. 크게 더 크게 한 번 해 봐요."

● 불불조 운영위원회 교육 현장 (광림 사보 1993년 가을호)

"윤창의 사장 ×××!"

다 같이 강당이 떠나갈 듯이 외치고 폭소를 터뜨렸다. 저들
이라고 불만이 없겠는가. 더 많겠지. 그 스트레스를 욕설로 날
려 버렸다. 나를 따라서 내 욕을 하라고 하는 교육이 어디 있겠
는가. 교육치고는 매우 비교육적이다. 그러나 내게는 그게 교
육이었다.

전 사원을 5명에서 10명 정도의 조직을 만들어주고, 한 달에 한 번씩 정기적으로 회사 밖에서 회식을 하며 우리들의 회사 일에 대하여 허심탄회하게 토의하고 불만을 토의하는 자리가 되도록 제도화했다. 나한테 불평이나 욕을 해도 상관하지 않겠다고 했는데, 그것을 공식적으로 이름 붙인 것이 광림의 '불평불만조'였다.

그때 우리 사회의 노사관계는 불평불만 정도가 아니고 사회가 발칵 뒤집어질 정도였다. 그래서 교육장에 들어가면서 강당이 떠나가도록 욕을 하게 하고 광림 직원들에게 말했다.

"우리가 언제까지 불평불만만 할 거요. 나도 최선을 다하고 있는 건 사실이지만, 인간이기 때문에 내게 욕할 일이 왜 없겠습니까? 하세요. 그런데 내 이야기뿐만 아니고 광림 이야기를 하고 있습니다. 우리는 지금 대단히 어려운 일을 하고 있어요. 일반 회사나 기업보다 불평불만이 더 많아질 수밖에 없습니다.

그러나 우리 모두 우리가 지향하고 있는 뜻에 동참하겠다고 한 이상, 불평불만만 하고 있을 수는 없어요. 불평불만에 빠져 있기에는 우리가 가야 할 길이 너무 멉니다.

그래서 오늘부터 불평불만조는 이름을 새로 불불조로 이름을 바꿉니다. 부정의 부정은 강한 긍정이에요. 우리가 무엇을 해야 할지, 이제부터 강한 긍정의 눈으로 보아요. 모임은 계속하는데, 이젠 그 모임도 새로운 모임으로 바꾸지요. 이제부터 평자와 만자를 빼고 불불조입니다."

그때부터 광림의 사원가족 모임은 불불조가 된 것이다.

❝ 땀을 보람으로 살아갈 사람 찾습니다 _

광림의 입사 전형은 신문 공고로 시작한다. 광림 1기는 내가 알음알음 추천을 받아서 데리고 왔다. 3기까지는 울산 공고에서 다섯 사람을 채용했다. 4기부터는 신문에 사원모집 공고를 시작했다.

다섯 사람을 뽑는다고 아기 손바닥만한 크기로 신문에 공고를 냈는데 '사원모집'이라고 하지 않았다. '땀을 보람으로 살아갈 사람 찾습니다.' 이렇게 썼다. 세상사람 다 와라. 그런 이야기가 아니지 않겠는가.

▎「유압 리프터' 사업 아이디어 적중, 광림기계」(충청일보, 1985년 9월 6일)

내부적인 전형 방법으로 1차는 총무과에서 서류 접수를 통해 선발하고, 그다음 2차는 같이 근무할 부서 사람들이 선발했다. 3차는 인사위원회를 구성해서 선발했다.

기업은 사람이 한다. 기업은 사람이다. 무엇보다 기업은 사람을 중심에 세워야 한다는 뜻이다. 어떤 사람들이 어떻게 만나서 어떤 일을 하느냐, 그 공동조직이 일을 한다. 힘은 조직에서 나온다.

1980년 처음으로 국내에서 국산 기계로 조립 장착을 할 적에 기아자동차의 그 장착기술을 담당한 사람이 배병식 기사였다. 광림의 반월공장을 시작한 것은 광림산업 용역시작 2년 후였다. 그때 기아자동차의 배병식 기사를 찾아갔다.

"광림이 드디어 제조에 들어가는데, 공장장으로 올 수 없겠어요?"

그래서 배 기사가 반월공장 공장장이 되었다. 그 밑에는 모두 공고, 공전 졸업하고 온 청년들이었고 공모를 통해 뽑은 사원들이었다. 3형제가 함께 근무하는 경우도 있었는데 그럴 확률이 꽤 있었다. 현장에서부터 입사 전형을 하니까. 3형제

뿐만 아니고 형제, 자매, 부자, 부부, 회사에서 맺어진 사내 부부도 많았다. 그런 사원 관계를 광림 직원들이 일컫기를 진골, 성골이라 했다. 사내 부부에서 나온 아들딸을 두고 한 말이다.

한때 이런 일도 있었다.

"동해펄프의 사장 아들이 입사하려고 원서를 넣었다는데, 왜 인사위원회에 올라온 면접명단에 없지요?"

배수로 뽑았으니까 그 정도 안에는 들 거라고 생각했는데 그가 2등도 못했다는 거다. 무역부에선 1명을 뽑기 위해 나름대로 영어 필기 시험 문제를 내서 점수 순위를 정해 심사했다. 회사 전체가 같은 문제의 필기시험을 치는 게 아니고 부서별 전형이 다르다. 필기시험을 치르는 데도 있고 서류와 면접만으로 통과시키는 경우도 있었다. 무역부는 나름대로 문제를 만들어서 시험을 치른 것이다. 그렇게 시험을 친 결과로 배수로 1등과 2등을 올렸다는 것이었다.

그래서 내가 우리 광림이 계속 확장될 것 같고 특히 해외 일이 급작하게 많을 것 같은 것도 있어 정원을 한 사람 늘려서 두 사람을 뽑게 늘려 주었다. 그렇게 한 사람 더 늘려줬는데도 최종 인사위원회에 올라온 명단에 빠져 있는 거였다. 그래서 왜 그러느냐고 물었더니 필기시험 성적표를 가지고 왔다.

시험을 치르게 하고 점수까지 낸 결과를 내가 바꿀 수는 없다. '자, 이 일을 어떻게 해야 되나?'

이미 그전에 동해펄프 원료부장의 여동생도 공장장 전무의 처남도 떨어뜨린 전력이 있는 데다가, 사장 아들까지 떨어뜨려 놓으면 동해펄프에서 어떻게 낯을 들고 일을 계속할 수 있나. 스웨덴 엘리미아 쇼라고 세계 3대 산림박람회 중의 하나가 있는데 동해 펄프 사장과는 작년에 거기를 일주일 동안 다녀오면서 같이 생활을 한 적이 있다.

그러니까 미국에서 공부하고 돌아온 아들에게, 다른 데 갈 생각하지 말고 광림에 원서를 넣으라고 했을 것이다. 제 아버지의 요청을 못 이겨 원서를 넣었지만, 그 아들이 광림 같은 벤처 소기업이 눈에 찼겠는가. 그랬는데 그 아들을 떨어뜨렸으니 이거 난감한 일이 아닌가. 사업적으로는 백 번이라도 그러는 게 아니다.

광림 역사에서 마음에 걸리는 인사 사례가 동해펄프 아들 입사건만 있을까. 그나마 이건은 성공도 되고 실패도 된다. 직원 몇 사람 되지 않는 광림에서 신문에 채용공고를 해 몇 사람

뽑는 거라도 인사는 예외 없이 공정해야 한다.

그리고 실패라면 동해펄프가 우리 광림에게 초기 사업적으로 얼마나 큰 도움을 주고 있었는지 모른다. 그러니 사업적으로는 그럴 수 없이 실패한 것이다. 일반적으로는 백 번 타협해야 한다. 나 같은 사람이 내 식으로 하더라도 사업적으로는 약간의 타협이 필요하다. 그런 데도 타협을 안 한 데서 나오는 실패이다. 확실히 실패라는 걸 알면서도 약간의 타협을 못 하는 못난 사람의 이야기이다.

광림 10주년 행사 때 동해펄프의 공장장이 본사에 정식 출장요청서를 내었는데 사유는 초기 동해펄프 가동시험 시부터 3~4년간 광림이 동해펄프에 공헌한 감사를 전하기 위하여 공장장인 자기가 광림 10주년 행사에 동해펄프 대표로 참석하여 감사를 전하겠다는 것이었다.

오늘까지 그분의 참석에 내가 감사 인사 한 번 따로 하지 못하고 있지만 잊어버릴 수 없다. 10주년 행사 후 광림공사를 설립하여 산림 경영 조직을 만들 적에 동해펄프의 원료부장을 찾아가 광림공사의 산림 경영 집행 책임자로 모셨다.

▌「광림의 직원 채용과 교육」(월간 기업경영, 1990년 11월, 서울대 최종태 교수의 글)

❝ 광림에 모실 수 없어 송구 _

누구에게나 인생의 출발점에서 첫 입사지원서를 내는 일은 중요한 일이다. 합격 불합격을 떠나서 그 사람의 인생에 얼마나 간절한 일인가. 나도 대학을 졸업하고 금성사에 지원했다가 일차는 떨어지고 재수해서 들어갔기 때문에 그 간절함을 잘 안다고 생각한다. 그래서 불합격자들의 그 간절함과 아픔을 조금이라도 같이 느끼고 나누기 위하여 격려 편지와 함께 입사지원서류를 빠짐없이 우편으로 돌려드렸다.

우리는 입사전형에 성공한 사람들에게만 초점을 맞춰서 열심히들 일을 하고 있는데, 전형에 성공하지 못 해 입사 못한 사람도 광림이라는 사회에 깊은 관심을 가졌던 사람이었으니까 광림이라는 사회가 그분들에게 관심을 가져야 하는 것은 당연하지 않을까? 그게 상식이다.

❝ 배운 것, 안다는 것을 버려라 _

광림은 신입사원 자체교육을 시작할 때 먼저 단체로 새마을교육, 가나안농군학교에서 교육을 받고 와서 교육을 했다.

▌ 「모실 수 없게 됨을 송구하게 생각합니다」(매일경제, 1993년 2월 1일)

3일간의 입사교육 첫날에는 내가 혼자서 아침부터 저녁까지 종일 교육을 한다. 광림을 만들어나가는 주체는 바로 여러분 자신이며, 한 사람 한 사람이 광림의 주인이고, 광림의 질서는 타율이 아니고, 모든 것을 스스로 하는 자율이다.

나는 감기몸살로 누워 있다가도 신입사원 교육 날이면 벌떡 일어나 아침부터 밤까지 혼자서 신입사원 교육을 담당했다. 특히 입사교육 때 첫날 맨 처음 강조하는 이야기가 '잊어버려!'라는 말이었다.

"광림이란 사회에 들어와서는 여러분이 학교에서 선생님에게 배웠건, 사회적으로 배웠다고 생각했건, 모든 걸 잊어버리세요. 우리가 학교를 졸업하고 사회에 나와서 학교 교과서에서 선생님에게 배운 대로 생각하면 동대문 쪽으로 가게 될 확률이 있고, 배운 대로 행동하면 서대문 쪽으로 가게 될 확률이 있는 사회 속에서 살아가고 있지만, 인간은 사회적 동물이기에 같이 살아가는 물이 있어야 합니다.

바르게 생각하고 바르게 행동하는 것으로 사회에서 외톨이가 되지 않고 분쟁과 싸움이 일어나지 않는 새로운 사회를 만들어 보고자 뜻을 같이하는 사람들이 모여 그 물이 흐르는 사회를 만들어 가고자 하는 회사가 광림입니다.

창업자인 내가 먼저 뜻을 세웠고 여러분이 뜻을 같이하고 동참했습니다. 쉽지 않은 길을 우리가 가야하겠지만, 나는 내가 나 자신에게 약속한 것을 지키도록 최선을 다할 것입니다. 여러분도 역사적인 일에 기꺼이 동참한 한 사람 한 사람이 되어 주기를 고대합니다. 때문에 신문 신입사원 모집공고에도 '유능한 인재를 찾는다'고 하지 않았습니다. '땀을 보람으로 살아갈 사람 찾습니다'라고 공고를 하였고 여러분은 스스로 선택했습니다."

저녁에는 회식을 한다. 광림술로는 소주를 정했고, 구호는 '답게!', '기사답게', '광림답게', '사람답게'로 시작하고 마지막은 '선구자' 합창으로 끝난다.

❝ 팔 절단 사고 _

광림 반월공장에서 팔이 절단되는 사고가 났다. 사고 연락을 받고 내가 반월공단 고대 병원에 도착했을 때는 부모님이

▌「이 시대 이 사람, 광림기계 회장 윤창의」(월간조선, 1990년 9월)

먼저 와서 이미 팔 절단 수술에 대한 동의서를 병원에 써 준 뒤였다. 당시의 상태를 담당 의사가 내게 보이면서 절단수술을 하겠다고 말했다. 그 순간 내가 그 자리에서 기절을 해 버렸다. 중학교 시절에 했던 기절 외에 두 번째 기절이었다,

"어디 있느냐? 기창이 어디 있느냐? 안 돼. 절단 수술은 절대 안 돼."

눈을 뜨고 회복실에서 다시 일어나 달려갔다. 의사에게 팔을 다시 붙여달라고 했지만 불가능하다고 했다.

"그러면 내가 어떻게든 서울 가서 팔을 붙여볼 테니까, 당신은 서울로 데리고 갈 수 있도록 조치만 해 줘요."

팔을 얼음에 채워서 환자를 응급차에 싣고 서울로 가면서 집안의 의사 조카들에게 연락해서 한국에서 제일 유명한 외과 의사를 빨리 수배해 달라고 했다. 밤늦게 대학병원에 도착했고 밤 12시쯤 수술 의사들이 병원에 도착하여 수술실에 들어가 이튿날 아침 9시가 넘어서 수술이 끝났다.

이후 2년 동안 8회의 수술로 절단 팔을 봉합하고 신경을 연결하여 팔을 회복시켰다. 의사선생님들이 너무나 고마웠다.

회복 후에는 광림 생산 현장에서 직무 재교육을 거쳐 사무직으로 전환 복귀시켰다. 그 뒤에 사내 연애로 결혼을 했다.

❧ 회초리 _

살아 가다보면 누구나 실수를 저지르는 경우가 생기는 법이다. 나는 광림 안에서 일어나는 숱한 실수에 대해서 너무 관대했다.

그러나 실수와 달리 반드시 집고 넘어가야할 원칙이 있는데 그 원칙을 어기면 누군가가 짚어주고 어루만져줘야 한다. 내가 그 사람들의 어른의 위치에 있는 인간이기에 할 수 있는 것은 회초리였다. 내 방에 단 둘이서 본인이 준비한 몽둥이나 회초리로 종아리를 10대씩 힘껏 때렸다.

전부 다섯 사람이 그 회초리를 맞았다. 첫 번째 회초리를 맞은 사람은 초기 나의 운전기사였다. 지금은 훌륭한 가장이며 업계에서 존경받는 사업가로 성공한 사람인데 30년 넘은 지금

「가족적 유대 '광림' 경영방식 눈길」(한겨레, 1993년 4월 29일)

까지 전화로라도 매년 안부를 물어주는 고마운 사람이다.

광림에서는 떠나는 것은 언제나 자유지만 떠난 사람은 다시 재입사를 받지 않는다는 원칙이 있다. 그런데 택시 사업을 한다고 광림을 떠난 지 얼마 되지 않아 결혼할 사람이 '윤사장을 모시고 광림에 있는 것이 결혼조건'이라고 하며 왔다. 그럼 다시는 퇴사하지 않겠다는 약속하에 입사시켰는데 또 퇴사를 하겠다고 하여 약속에 대한 책임을 회초리로 받기로 했다.

다음 두 사람은 중기기사들이였는데 사회에서 존경받는 광림기사로 교육 훈련하기 위해서는 선생님이 중요해 동부고속의 정비과장과 동양고속의 정비계장 두 사람을 광림중기부장, 중기과장으로 모셔왔다. 젊은 기사들로서는 그분들의 철저한 교육을 견뎌내야 하는 고충이 이해가 되지만 저녁 회식자리에서 술을 핑계하고 아버지뻘 되는 부장을 박치기로 들이받는 용서받을 수 없는 사태를 저지르고 말았다.

"그분은 네 선생님이고 아버지 같은 어른이다. 사람의 기본을 어겼으니 매질할 수밖에 다른 방법이 없다. 회초리 10대다. 회초리는 네가 만들어 와라!"

책상 위에 세워 놓고 만들어 온 회초리로 종아리를 10대씩 쳤다. 그런데 젊으니까 맞은 사람은 웃으며 펄쩍 뛰고 살아난다. 때린 나는 몸과 마음이 녹초가 돼 드러누울 정도인데.

마지막인 다섯 번째는 5년을 근무하고 미국 애틀랜타의 조지아텍에 박사 코스 공부하러 가는 사람이었다. 회사를 떠나기 전에 이야기했다.

"떠나기 전에 너에게 줄 선물이 있다. 내일 아침 출근하는 길로 네가 맞을 몽둥이를 준비해서 내 사무실로 와."

이 사람은 어떤 사원보다 유능하고 아끼는 사랑스러운 사람이다. 착하고 올곧고 따뜻함으로 광림에 우수한 정도를 뛰어넘는 헌신과 기여를 하였을 뿐 아니라 미국에서 돌아오면 국가와 역사에 커다란 영향을 미칠 재목이었다.

그런데 나쁜 버릇 하나가 있었다. 회의 시간이나 약속 시간에 늘 15분 이상 늦었다. 그런 사람이 미국사회에 들어가야 한다. 미국사회에서 약속시간의 위반, 특히 습관화된 약속위반은 사람 취급을 못 받는다. 공부는 그다음이다. 미국이라는 사회는 약속이라는 바탕 위에 세워진 나라이기 때문이다.

그날 밤 생각에 한 번 가지고 안 되고 두 번은 쳐야겠다는 생각이 들었다. 다음 날 아침 전화로 그 친구 출근했냐고 물었더니 "사장님 방에 와 있습니다."라고 직원이 말했다. 진짜 큰 몽둥이를 해 가지고 와서 기다리고 있다는 것이다.

지금 바쁜 일이 있다고 하면서 일부러 그날 온종일 사무실을 안 들어갔다. 그를 때리는 것보다도 오늘 안 때리는 것이 두 번 매를 드는 것이란 걸 알만한 총명한 사람이다.

'너는 내가 친다고 하면 한 번 치고 마는 것이 되겠지만, 오늘 내가 너를 안 치면, 두 번 치는 걸로 알 수 있는 사람이다. 네가 한 번 맞는다면 두 손 만세 부르고 만다. 하지만 종일 사무실에 안 들어가면, 너는 내가 두 번 치는 걸로 알지 않겠어?' 그 날 종일 사무실에 들어가지 않고 밖에서 일을 보러 다녔다. 이튿날 그는 미국으로 출국했다.

그 날 이후 다시는 매를 대지 않았다. 내가 몽둥이를 가지고 치는 사람인 줄 알면 되었지, 매를 치고 또 치고 언제까지 그래야 하겠는가? 다섯 번째 회초리를 마지막으로 종아리 치는 교육을 그만두었다.

▌「모든 주식 종업원에, 주식없는 기업인」(서울신문, 1993년 4월 18일)

🍃 둥근 조직 _

현대의 과제 중 하나는 리프팅 배리어lifting barrier이다. 장벽을 허무는 거라고나 할까. 우리는 가정에서부터 사회, 역사까지 자꾸 칸막이를 친다. 그것을 없애야 하는 과제가 우리에게 있다. 계급사회니 이념이니 하는 것이 대표적인 그것이다.

아무튼 리프팅 배리어는 장벽을 걷어내는 일이다. 청원공장의 담 철조망에다 노랫말 음표를 갖다가 붙이면 그걸 누가 철조망이라고 보겠는가. 그것도 리프팅 배리어의 한가지이다. 조직 내에서도 마찬가지이다.

'고정 관념을 잊어버려라. 우리가 마음속으로 이해하고 있는 조직은 둥근 원이나 공이라고 생각하자.'

조직에서 각자는 담당할 영역이나 분야를 가지고 있을 뿐이다. 각 전문 분야로만 나누어져 있는 건 아니다. 그걸 다시 연결하는 관계를 만들어서 또 그다음 영역을 한데 묶고 연결하여 엮어내는 것이 관리자의 역할이다. 전체를 엮어내는 것이 경영자의 역할이고 책임이다.

내 자리에 대해서도 전체에서 중앙의 점이라고 생각하지 않았다. 더욱이 피라미드를 만들어 정점에 내 자리를 만든다는 것은 더욱 없다. 남들과 똑같은 조직을 꿈꾸지 않았다.

그런 맥락에서 현장을 돌아보고 대화하는 곳이 곧 내 사무실이었다. 물론 사무실이 없는 건 아니다. 칸막이나 독방 같은 게 없을 뿐이다. 신문에서 보도한 대로 한쪽 귀퉁이에 책상 하나 갖다 놓는 정도였다. 직원들의 사무 책상은 다 새로 구입했지만 나는 처음부터 집에서 쓰던 책상을 가지고 와서 사용하였다.

그 책상도 사무용이 아니고 조그맣고 약간 긴 가구로 만든 책상이었는데, 아내가 숙대 앞에서 하숙 칠 때 집에서 가끔 공부도 하고 다용도로 사용하던 것을 사무실에 들고나와 광림을 시작할 때부터 끝까지 썼다. 나중에 광림을 떠나 양평으로 올 때 서울대 김기석 교수가 기념으로 갖고 싶다 해서 흔쾌히 주었다.

❝ 공짜는 없다 _

1989년 청원공장의 광림가족은 보람 아파트를 준공해서 88세대가 입주했다. 공장 전체 인원이 200명 못 미칠 때였다. 미혼 출퇴근자를 위해서 대전에 아파트 5채를 임대했다. 광림의 보람 아파트도 철저하게 직원들이 자기 돈으로 입주민 자격을 갖추고 자가 소유하게 했다.

회사에서는 사원 아파트 계획을 세우고 대지 계약부터 공

사까지 뿐만 아니라 사원 각자가 월급과 보너스에서 재원을
충당할 수 있도록 주택금융을 알선하고, 자기 집을 소유할 수
있도록 제반의 조치를 마련하였다.

광림에서는 작업복이나 작업화, 장갑, 식사까지도 모두 자
기 돈으로 사서 먹고 입고 쓰도록 했다.

자신의 일이 곧 인생이며, 일은 자기 인생이라고 일깨워 주
고 싶었다. 궁극적으로 자신이 주체이고 주인이 아닌가. 일을
위해 회사 사장에게 자신을 거래하는 것이 아니므로 공짜로
얻어먹고 얻어 입을 일이 아니지 않는가.

회사가 도움을 줄 수 있다. 대부분 절반을 기준으로 하지만
성격에 따라 다르다. 어떠한 경우라도 일에 필요한 개인 소요
장비와 소모품 경비는 본인 부담을 원칙으로 정했다.

광림에서 대만 여행을 갈 때도 관광이라 하지 않고 뭐든 하
나라도 배워 오라고 대만연수라고 했다. 물론 내용은 효도관
광도 있었지만. 그리고 대만 연수는 사원 개인 부담으로 가야
한다고 했다.

"교육 투자는 돈이 들어야 해요. 여러분의 월급에서 2~3년간
강제 저축을 시킬 것입니다. 회사에서는 여행 경비의 3분의

1만 보조합니다. 부모는 처부모이건 친부모이건 회사에서 3
분의 2를 부담하지요. 어찌 됐건 사원 여러분의 돈으로 대만
연수를 가는 거고 회사에서 보내는 것은 결코 아닙니다."

회사에서도 위의 원칙에 입각하여 몇 억 원을 보태야 했고,
모든 사원들에게도 이 일을 찬성하는지 반대하는지를 물어
야 했다. 투표로 결정하겠다고 말했다. 그것도 50%가 아니고
80% 이상 찬성이 있어야 추진하겠다는 취지를 설명했다.

1차 투표에서 전 지역 전 사원의 찬반 투표를 했는데 50%를
살짝 넘기는 찬성표밖에 나오지 않았다. 이후 일 년에 걸쳐 2
차 실패, 3차에 비로소 80%를 넘는 찬성투표결과를 얻었다.
그달부터 월급에서 24개월 적금 불입을 개시하였다.

그 당시는 외국여행 자유화가 이루어지기 전이었지만, 단
체 여행허가는 내가 책임지고 해결하겠다고 시작했는데 적
금 불입시작 이듬해 정부에서 여행 자유화가 발표되어 절차
상의 문제 없이 6차에 걸쳐 475명이 새마을운동본부의 안내
를 받아 대만 연수를 다녀오게 되었다.

「기업, 광림기계, 전 사원-가족이 대만 여행」(조선일보, 1990년 2월 8일)

에필로그

❝ 그리고 _

1995년 광림의 법정관리가 확정되고 광림을 떠나 양평으로 들어왔다. 회사에서 퇴직금 조로 준 전세 돈과 누님의 도움으로 작은집 하나는 장만하였는데 생활비를 해결하기 위하여 아내가 마루에서 김치를 담그고 아들들이 서울에 배달하고 나는 채소 조달을 하기도 했다.

한 번은 광림 A/S정비공장을 하고 있는 광림사람들이 찾아왔는데 소나타 승용차 한 대를 타시라고 새 차의 계약서를 갖고 왔다. 업력이 몇 년 되지 않아 아직 경영에 여유가 있을 때가 아닐 텐데 적지 않은 돈을 모아온 마음이 벅차게 고마웠다.

광림가족들. 내게는 그들 한 사람 한 사람이 모두 소중하다. 그들이 존경받는 기사였건, 기름 빼재기였건, 내게는 모두 소중한 사람들이었으니까. 부처님 말씀 따라 불심佛心을 갖고 행동하고 실천하면 모두 부처라는 게다.

"민주주의는 국민이 주인 되는 나라 맞습니까?"

내가 가끔 이런 질문을 받곤 한다. 내 생각은 국민 한 사람 한 사람이 다 주인이다. 그 한 사람 한 사람이 다 부처님이고 하느님의 아들이다. 누구나 소중하다. 권력이 있든 없든, 지식이 있든 없든, 재산이 있든 없든 모두가 다 소중하다.

광림에 있을 때 내가 미처 헤아리지 못해 아직도 마음에 걸리는 것이 많다. 광림가족 입사공고에 연령이나 남녀성별, 학력별 제한 없음을 공고했다. 각각의 전문 직종별로 심사한 결과로 용접 부문에는 여자 용접기사 자격증 소지자도 3명이나 있었다.

또 대기업에서 정년퇴임한 60살 넘은 분도 4분이 있었는데 그분들을 기술고문으로 불렀다. 내가 생각한 고문이라는 직함은 스승 위의 스승이라는 뜻이었는데 고문관 또는 덜 떨어진 보조자라 생각된 것 같았다.

어느 날 MBC TV '현장 이 사람'이라는 프로에서 60살 넘은 생산 직원 한 분이 공장에서 인터뷰를 하면서 직함이 뭐냐는 질문에 고문이라 대답을 하면서 그렇게 우물쭈물 부끄러워하던 장면이 너무 마음 아프다.

고문 직함보다 기정이라든가, 기장이라든가 우리 광림의 기사문화의 직함으로 같이 모셨어야 했다. 그 배려를 제대로 못 한 것 같아 매우 미안하고 죄송하다는 생각을 하게 된다.

👄 사죄하지 못하는 고통 _

반성하고 뉘우치는 것이 하루 이틀이고 한두 가지이겠는가. 광림이 그렇게 되었는데. 나에게 친숙한 방문자들이 찾아와 왜 반성하고 '미안하다'라고 사과하지 않느냐곤 한다. 반성하고 또 반성했다. 뼛속 깊이 저리도록 반성하고 미안하다.

광림 안팎의 가족 모두에게 광림을 영속시키지 못하고 물질적 정신적 고통을 안겨드린 점에 대해 가슴 저리도록 고통스럽다.

그러나 내가 미안하다고 하면, 잘못했다고 해야 하고, 다음은 죄를 지었다고 해야 할 텐데. 미안한 마음은 하늘 같은 데 차마 죄를 지었다는 말을 할 수가 없다. 광림은 잘하고 잘못한 것이 아니기 없기 때문이다. 그런데 잘못했다고 하면, 죄를 지었다고 하면, 먼저는 나 자신을 속이는 일이 되고 더는 안팎 광림가족들에게 오히려 욕보이는 말이 된다고 믿고 있기 때문이다.

「한국 벤처 비즈니스맨 50선, 윤창의 광림기계(주) 사장」(중앙일보, 1983년)
〈창업〉(중앙일보 경제문제연구소, 1986년 6월)

_ 공정한 사회를 꿈꾸며 **

돈으로 세상을 가늠하는 세상이 되어버린 일차 책임은 기업에 있다. 그것을 바로 잡을 책임도 기업에 있다. '광림공사'는 존재 자체가 공익성을 추구하는 조직이다. 나아가 광림이라는 사회는 공익사업과 영리사업을 씨줄과 날줄의 관계로 짜여, 공정한 부의 생성과 공정한 부의 분배를 창조해 가는 선한 사회가 되기를 꿈꾸었다.

그 중심에 자리한 광림공사의 이사회는 광림공사의 공익사업뿐만 아니라, 광림그룹의 대주주로서 공정하게 사업의 지도력을 발휘하여 전체 광림이라는 사회가 공익성과 수익성을 공정하고 균형 있게 함께 추구하는 곳이 되어, 광림사람들이 조직의 비전과 개인의 비전이 일치하는 상황 속에서 신나게 일하고 땀 흘린 만큼 만족도가 높은 살맛나는 사회가 되기를 원했다.

사람답게 살기 위해 사람답게 생각하고 사람답게 일하는 공동의 광장이 광림이니까.

가슴에 묻어둔 회고록

이 회고록은 해방 이후 전쟁의 폐허를 딛고 반세기 만에 세계적 경제 강국을 이룬 한국 기업역사에서 신화를 창조한 한국의 기업사례 중 한 이야기입니다. 그러기에 자식을 낳는 어머니의 그 고통스러운 산고부터 아버지의 손에 이끌려 어엿한 청년으로 성장하기까지, 숱한 우여곡절 사실을 담고 있습니다. 아울러 그 속엔 기업이 출범하기 전부터 긴 세월 준비해오고 갈고 닦아온 광림 창업자의 기업철학과 실천 의지를 볼 수 있습니다.

어떻게 하면 기업의 정의를 새롭게 바꾸어 나갈 수 있을까? 어떻게 하면 작게나마 한국사회(역사, 인권, 기업 등)를 변화시키는 기업경영을 펴나갈 수 있을까? 어떻게 하면 '살맛나는 세상' 기업(사회)를 만들 수 있을까? 어떻게 하면 '인간 종합예술' 아름다운 기업을 만들 수 있을까? 어떻게 하면 '장사꾼의 똥을 개도 안 먹는다'는 풍토에서, '존경받는 자랑스러운 기업, 기업인'이 탄생될 수 있을까? 어떻게 하면 '맥시멈 프로피티어링'의 일변도인 협소한 자본주의를 극복할 수 있을까?

이 회고록이 독자들의 손에 들려지기까지 긴 세월 걸렸습니다. 창업자 윤창의 님은 광림을 떠나 양평 초야에 묻혀 무려 20여 년 가까이 지나는 동안, 어떠한 경우에도 토로하지 않고 가슴에 영원히 묻어둔 채 역사 저편으로 가져가려 했습니다.

그런데 제가 사업 파트너 지인의 소개로 찾아뵌 2천 년대 초부터 10여 년 동안 조르고 조른 끝에, 가까스로 3년 전에 인터뷰를 허락받아 지금까지 공동 집필을 진행해 왔습니다. 그런 과정 3년 동안에 자료들을 파일화 작업하는데 1년 이상 지나야 했으며, 회고록 초안 집필 후에도 출판사에 원고를 넘길 때까지 길고 지루한 인고의 세월이란 강을 건너야 했습니다.

이 회고록은 픽션fiction없이 '사실fact'만을 다뤘습니다. 그래서 극적인 요소를 가미한 논픽션이나 다른 회고록과 차이를 가지고 있기에 좀 밋밋하고 재미없고 투박하고 매끄럽지 못합니다. 처음엔 픽션 작업을 염두에 두었으나, 원체 '사실'만을 집필원칙으로 윤창의 님이 강력하게 전제하셨기에 처음부터 그 부분 때문에 집필하는 데 어려움이 많았습니다.

만약 제가 마무리 작업을 하고 이 회고록 집필후기를 쓴다면 그건 신화를 창조하심에도 철저히 낮아져 살아가는 광림 창업자 윤창의 님의 절절한 인생 고백에 감동받은 때문이요, 후세 역사에, 뒤따라서 배우고픈 영광스런 발자취를 남긴 '기업경영 정의와 시대를 초월한 당위성' 때문이라 하겠습니다.

그나저나 만약 이 회고록을 읽고 상처를 받는 사람이 있다면 그 책임은 전적으로 저의 몫임을 통감합니다. 윤창의 님은 묻어두려 하셨으나, 제가 그 깊은 가슴을 열어놓은 책임을 출간 이후에도 다하고자 합니다.

김송달

1995년까지 광림 연혁

1979.6   광림산업(주) 설립

1981.12   HIAB-FOCO사와 DISTRIBUTOR AGREEMENT

1982.7   광림기계(주) 설립

1982.9   반월공장 준공

1985.10   HIAB-FOCO사와 TECHNICAL LICENSE AGREEMENT

1985.10   방위산업 시제업체 지정(국방부)

1986.1   중기제작 조립자 등록(건설부)

1986.1   소방용기계기구제조업 허가(내무부)

1986.2   기계류부품소재 국산 개발업체 지정(상공부)

1986.8   광림기술연구소 설립

1986.9   과학기술 철탑산업훈장 수상

1986.10   광림정밀(주) 설립

1987.9   소방차 7대 대만정부 국제입찰 수주 처녀수출

1987.6   관절식 유압 크레인 신기술품목고시(과학기술부)

1988.1   방위산업체 지정(국방부)

1988.4   과학의 날 대통령표창

1988.9   청원공장 준공

1990.6   광림히아브(주) 설립(한국. 스웨덴)

1990.7   재단법인 광림공사 설립

1991.5   8㎥ 압축진개청소차 188대 대만정부 수출

1992.12   무궁화육성 최우수 대통령기 수상

1993.3   20㎥ 압축진개청소차 신기술품목고시(과학기술부)

1993.4   김영삼 대통령 광림청원공장 방문

1994.5   8㎥ 압축진게청소차 142대 대만정부 수출

1994.6   베이징화린특장차유한공사 설립(한국. 중국)

1995.1   광림3사 지급 불능. 광림구사위원회 발족

1995.7   법정관리절차 결정

광림그룹 창업자. 1939년 출생. 진주 중고등학교, 서울대 상과대학 경제학과 졸업 후 1964년 LG그룹에 입사하여 반도상사(주), 금성통신(주), (주)금성사에서 근무했다. 1974년 UNIDO Fellowship Australia, 1989년 서울대 경영대학 AMP 27기를 수료했다. 1993년에는 상지경영컨설팅(주)를 공동 설립하였다.

1979년 광림산업(주)를 설립해 '아름다운 기업, 살맛나는 세상'이라는 모토 아래 1995년 물러날 때까지 광림특장차(주), 광림기계(주), 광림산업(주), 광림정밀(주), 광림기술연구소, 재단법인광림공사, 광림히아브(스웨덴), 베이징화린특장차유한공사(중국)를 차례차례 설립해 광림그룹을 일구어냈다.

1986년 과학의 날 철탑산업훈장, 1992년 스웨덴 왕립북극성훈장, 1991년 제1회 일가상 산업부문을 수상했다.

가족으로 현재 경기도 양평에서 함께 지내는 배우자 방미재와 자식부부 윤지명·임선명·윤지호·유창희, 손자손녀 경연·태연·정훈·채원·세정·세진이 있다.

▌ 지은이 _ 김송달

전직 목사, 저술가로 『현장민중신학입문 1, 2』(한울, 1990),
『바로 보는 한국 근현대 100년사 1, 2』(거름, 1998) 등 약 20여
권의 개인 저작과 공동 저작이 있다.

현재 글로벌 마케터 겸 비즈니스맨(분야: IT/ BT/ ET/
ENERGY/ 전기전자/ 무역/ 케이블카/ 종합상사)으로 활동하고
있다.

기업을 화두로 품다
아름다운 기업 광림과 무소유 창업자 윤창의

ⓒ 방미재, 윤창의, 2016

이야기 ㅣ 윤창의
지은이 ㅣ 김송달
엮고지은이 ㅣ 임정수

펴낸이 ㅣ 김종수
펴낸곳 ㅣ 한울엠플러스(주)

초판 1쇄 인쇄 ㅣ 2016년 1월 30일
초판 1쇄 발행 ㅣ 2016년 2월 15일

주소 ㅣ 10881 경기도 파주시 광인사길 153 한울시소빌딩 3층
전화 ㅣ 031-955-0655
팩스 ㅣ 031-955-0656
홈페이지 ㅣ www.hanulmplus.kr
등록번호 ㅣ 제406-2015-000143호

Printed in Korea.
ISBN 978-89-460-6121-7 03320

* 책값은 겉표지에 표시되어 있습니다.